日本陸海軍は ロジスティクスを なぜ軽視したのか

谷光太郎

まえがき

太平洋戦争が悲惨な敗戦で終結してから70年以上が経過した。この敗戦の理由に関しては多くの識者からの論述がある。筆者は、敗戦の大きな原因を、日本軍のロジスティクス軽視にあったと考えている。日本人は昔から源義経の鵯越えの戦法や、川中島の戦いで上杉謙信の単騎、太刀を振っての敵大将武田信玄を斬りつける場面といった華々しい戦さを好んできた。秀吉の朝鮮出兵で兵糧や兵員の渡海に力のあった石田三成の仕事は評価せず、加藤清正の武勇を讃えてきた。

明治以降、日本陸軍はドイツ陸軍に学んだ。ドイツ陸軍は作戦参謀の発言力が抜きん出ていて、ロジスティクス担当の後方担当の後方参謀は我物顔に振るまい、ロジスティクスを軽視した。

国内戦では、それはある程度通用するが、グローバル化した国際戦では——もちろんビジネスの世界でも——通用しない。

経営学者P・F・ドラッカーは、ビジネスにおけるロジスティクス分野はいまだ未開分野であるが近い将来かならず問題になる分野だろうと、一九六〇年代にすでに指摘していた。

1990年代に入ると物流コストの急激な上昇への対策が経営問題の重要課題となり、21世紀に入り日本経済のグローバル化、世界規模への拡大に伴い、地球規模の物流問題が顕著化している。

「ロジスティクス」とは、もともと軍事用語であった。軍の武器・弾薬、食糧、燃料等の効率的運輸、配置を担当する部門を「ロジスティクス部門」と呼んだのが最初である。

経営関係では、狭義の「物流」という言葉で使われている。扱う対象が物であるから、重さ（トン）、容積（立方米）、輸送距離（キロ）、費用（ドルないし円）はすべて数字化し得る。故に、物流関係はすべて全体的にも数字化が可能であって、合理化が比較的容易な分野ともいえよう。

某国のGNPは数字に改竄が加えられるから信用できない、と言われる。

こんな国でも鉄道貨物輸送量は嘘をつけないから、真実の経済の動きを知る数字になり得る、との指摘もある。

企業活動の中の市場動向や開発戦略には多くの願望要素や未確定事項が入るものの、物流の動きや、物流のボトルネックは明快に数字化できる。その分だけ合理化がしやすい分野もある。本書は、ロジスティクス問題を戦史という歴史の中に一貫して流れる、知見や思想を汲み取ろうとするものだ。

本書は同文書院インターナショナルから出版され、幸い江湖から好評を得た『ロジスティクス思想とは何か――戦史から解明する戦略的物流革命』を復刻したものである。その際には、パンダ・パブリッシングの松本善裕氏から多大なご高配を得た。記して謝意を表したい。

平成27年晩秋　伊丹市の聴雨山房にて

谷光 太郎

目次

第一章　異質機能の統合

省庁の統合のむずかしさがよくいわれる。縦割り行政の総合調整のむずかしさも同様である。同じ省内でも「局あって省なし」とさえいわれる。まして歴史が異なり、機能が異質な組織の統合や調整が困難なことは論を俟《ま》たない。しかし、戦略遂行の観点からいえば異種機能の調整や統合は不可欠だ。

太平洋戦争中、大西瀧治郎海軍中将は「海軍は全力をあげて陸軍と戦い、余力でもって米軍と戦っている」と嘆いた。航空機製造のための資源配分に、陸海軍は血を流さんばかりにして争った。陸軍が独自に潜水艦を作ろうとしたり、海軍が戦車を作ろうとした。

東条英機は、終戦直前「陸海軍の統合問題こそ私の終世の悩みであった」と述懐した。陸海軍間だけでなく、同じ陸海軍内部でも、統帥部と軍政部門が対立し、これを調整するところがなかった。

米軍でも陸海軍の仲の悪さは同様であった。陸軍は海兵隊を目の敵にし、陸軍航空部隊は海軍航空隊を吸収しようとはかった。

陸海軍のトップ、マーシャルとキングとの間も冷たい間柄だった。ニミッツとマッカーサーの間もそうだった。アイゼンハワーは太平洋での海軍の戦いを「キングのプライベートな戦争だ」といった。

にもかかわらず、米軍は戦略の調整やロジスティクスの統合のための体制作りに努力し、第二次大戦を乗り切った。その努力は戦後も続き、国家安全保障会議や国防総省や統合参謀本部や中央情報局（ＣＩＡ）が生まれた。

その道のりはけっして平坦ではなく、初代国防長官のフォレスタルは心労が極に達して自殺をしている。異種機能組織の調整や統合に関して、本章のケースは種々の示唆に富んでいる。

1　米統合参謀本部の創設——陸・海・空の戦略統合の必要性

◆渡海作戦はもとより、近代戦では敵前上陸など陸海軍が連携した共同作戦の遂行が重要だ。しかし、日本だけでなく米国でも陸海軍の仲は悪く、協調は容易でない。
◆米国は試行錯誤を重ねつつ実質的な統合参謀本部を作り上げたのに対し、日本では成功しなかった。

陸海軍は洋の東西を問わず仲が悪い。戦う場所（環境）が異なり、住むところや手にする武器が違うのだから、軍隊としての性格が異なってくるのは当然といえば当然だ。

飛行機の出現によって航空部隊ができると、航空部隊の性質も陸と海上の部隊とは異なってくる。

陸海空では移動のスピードの差も大きい。自軍の眼（基準）で見て判断すると、どうしても相手を批判したくなる。

米軍の統合幕僚学校のテキスト「統合軍参謀マニュアル」に、陸軍士官の空軍士官への一般的見方として次のような記述がある。

「泥だらけの狐の穴のような中で一週七日間、それも一日二四時間がんばっている我々に比べ、空軍の連中ときたら、毎晩、きれいで暖かいベッドに眠っておりながら、勲章をもらうんだから」。

陸海軍の仲はどの国でも悪い

日本でも陸海軍の仲の悪さの例は、枚挙にいとまがない。日露開戦直前、参謀本部総務部長井口省吾少将は、日記（一九〇三年：明治三六年一〇月八日）に、

「……陸海軍協和を欠き、陸海軍両大臣就中《なかんづく》山本（権兵衛）海軍大臣、海軍あるを知りて国家あると知らず。機を見るの明なく、戦を決するの断なし」

と書いた。

太平洋戦争中、陸軍に協調的ないし従属的と見られた島田繁太郎海軍大臣は、海軍部内の評がひどく悪かった。

軍令部特務班にいた阿川弘之予備少尉に課長の江口穂積中佐は、

「海軍には、もう少しマシな人間もおるんだが、島ハン（島田海軍大臣）がまるきり東条の副官だからナ、どうにもなるもんか」

とつぶやくようにいった。

特攻隊の創設者として知られる大西瀧治郎海軍中将は、

「海軍は主力でもって日本陸軍と戦い、余力をもって米軍と戦っている」

と嘆いた。

米軍内でも、マッカーサー将軍に対する海軍将兵の評はさんざんだった。トップのキング海軍元帥とマーシャル陸軍元帥との間も冷え冷えとしたものだった。これは、両軍の作戦の違いからある程度はやむを得なかった。

両軍の特徴は対照的

それぞれの作戦に特色はあるが、陸は各人が自由に活動する余地が比較的大きいのに対し、海は生死を共にするため団結力が強く、指揮掌握が比較的容易。陸は執拗《しつよう》な戦闘があり、戦場の悲惨さが大きいのに比べ、海軍は執拗な戦闘は少ない。陸が人中心になるのに対し、海は機械・技術中心となる、といった点があげられよう。

陸海軍が共同で作戦を遂行しなければならないのは、陸軍兵を海を越えて外地に運び戦闘地域に上陸させる作戦である。

日清戦争が避けがたくなっていた一八九四年（明治二七年）春、和戦の方針を決定する特別閣議に海軍を代表して出席した山本権兵衛大佐の発言は有名だ。

輸送船団の安全な運航には制海権の確保が必要不可欠なことを山本大佐は、

「陸軍に優秀な工兵隊があるか。あるのなら、北九州から対馬、対馬から朝鮮南部に橋を架けて陸兵を移動すればよかろう」

と痛烈な皮肉で説明した。

海の上で陸軍は、全部海軍にたよらなければならない。しかし、敵前上陸になると、文字どおり共同作戦となる。双方の敵前でのケンカは許されない。

米は上陸用兵器を海軍が開発

第二次大戦中、米海軍のトップだったキング元帥は陸軍ぎらいで有名だった。

キングは、太平洋諸島の激戦が予想される上陸作戦に陸軍を使用せず、海兵隊に固執したのは、海兵隊だと自分の直接指揮下で思いのままになる、という点にあったことはもちろんだが、キングの目から見れば上陸作戦への陸軍の不勉強がその主な理由だった。

それは、キングの体験に基づいていた。キングが大西洋艦隊司令官になった直後の一九四一年二月、カリブ海のプエルトリコで第七回艦隊上陸演習が行われた。参加した上陸部隊は、海兵第一師団と陸軍第一師団。キングの観察によれば、陸軍は上陸作戦の経験に乏しすぎた。陸軍参謀本部から参謀が見学に来たが、経験に富む海兵隊の上陸を批判するばかりだった。

師団単位の上陸作戦には、経験を積んだ高度の技量がいる。新兵を集めて大急ぎで作った陸軍師団が上陸作戦をやるのはむずかしい。

参謀総長のマーシャル元帥は、組織機能の明確さを旗印として陸軍航空隊を主力に空軍を独立させて、海軍航空隊を空軍へ吸収することや、海兵隊を陸軍へ吸収することを主張し、海兵隊兵力の増強に反対した。マッカーサー元帥も海兵隊を目の上のたんこぶのようにきらっていた。

このような陸軍の動きに断固反対したのは、キングだった。空軍創設により海軍航空隊が吸収されれば、空軍内の主流を占める海上作戦を知らない陸軍航空出身者により海上の航空作戦が牛耳られ、たいへんな問題になるとキングは考えた。

陸軍は上陸用の舟艇や水際で戦う兵器（水陸両用戦車など）の開発に熱心ではない。海兵隊がもっぱらそれらの研究と開発を進めた。

日本陸軍は上陸用舟艇を軽視

日本陸軍の場合は、米海兵隊と比べると論外といえる水準だった。日本軍最初の陸海共同作戦による敵前上陸は、堀悌吉少将率いる第三戦隊（軽巡三隻）と厚東篤太郎中将下の第一一師団により揚子江岸七了口で行われた。

旗艦「那珂」艦橋で作戦実施状況を見ることのできた奥宮正武少尉候補生が感じたのは、重武装の陸軍兵を小短艇で運ぶことのむずかしさだった。

その時使われた上陸用舟艇の大発（大型発動艇）は一〇年後の太平洋戦争でそのまま使用された。この一〇年間、各種の兵器の進歩は目覚しいものがあったが、太平洋の島々が主戦場になった太平洋戦で、中国揚子江上陸用に使用された旧式・小型・低速の大発がそのまま使用されたのである。ガダルカナル上陸で、兵士が着のみ着のままの状態でしか上陸できなかったのは、攻撃用兵器偏重思想のため、このようなロジスティクス関連の上陸用兵器開発が怠慢であった報いだった。

小型で低速の上陸用舟艇が長時間作業しているうちに、輸送船は敵機や、敵の高速水雷艇の攻撃を受ける。

近代戦では前述のような陸海共同戦術が必要となるし、戦略的にも陸海軍作戦の統合は不可欠となっていった。

米国がこのことに気づくのは、一八九八年の米西戦争に勝って、米国が初めて海外に植民地（フィリピン、グアム）を持った時であった。このフィリピンやグアム島の防衛は、陸海軍がそれぞれ単独に遂行し得るものではない。

一九〇三年、「陸海軍の協力のために必要なあらゆる問題に関する共通の結論に到達するための討論の場」として陸海軍両長官の諮問機関である統合会議（Joint Board）が創設された。議長は米西戦争時のマニラ湾海戦の英雄、デューイ大将が任命された。

大いに期待された統合会議だったが、期待は実現されなかった。理由は次のようなものだった。

①陸海軍のメンバー（四人ずつ）のそれぞれの権限がはっきりしていなかった。だから、会議で陸海軍としての意思を明快に反映させることができなかった。
②統合研究と統合作戦計画を体系的に遂行する実務参謀がいなかった。
③統合会議のメンバーは、最終的国防計画を作る権限はあったが、メンバーは本務の職務に忙しく、その時間がなかった。

このようにして、一九〇八年、フィリピンの基地をどこにおくかで統合会議の合意が得られず、事実上解散した。

米は統合組織を再構築

第一次大戦後、世界の強国となった米国は世界政治からの孤立は不可能となり、軍事に関する戦略問題が多くなった。そして、この問題を統合的に担当する陸海軍共同機関が必要となった。一九一九年七月、ベーカー陸軍長官とダニエルズ海軍長官の合意で統合会議が次のように再編された。

①メンバーを八人から六人に減らし、人ではなく、陸海軍のポストによって決めた。陸軍側は参謀総長・参謀本部作戦部長・戦争計画部長、海軍側は海軍作戦部長・同次長・同計画部長である。
②会合は毎月一回欠かさぬようにした。
③統合計画委員会を作り、実務参謀を三人ずつ計六人おき、文官の書記官もおいた。

その後、統合計画委員会の他に、統合経済会議・陸海軍軍需会議・航空会議が設けられた。いずれも、陸海軍併立による軍需品の発注・調達などの無駄をなくそうとするためのものだった。ヨーロッパでの大戦の勃発を不可避と考えたルーズベルト大統領は、一九三九年七月にこの統合会議に、より高い地位を与えた。

つまり、従来この会議は陸海軍長官への補佐機関であったが、ルーズベルトの改革により大統領の直接補佐機関となり、陸海軍長官のコントロールから離れた。そして、メンバーは直接大統領とコンタクトできるようになった。

さらに、統合戦略委員会・統合情報委員会が創設され、従来の六人のメンバーに航空関係の代表者を加えた八人のメンバーとなった。

真珠湾奇襲後、米国が第二次大戦に突入したことにより、統合会議は実質的な統合参謀本部となった。「実質的に」というのは、法律ないし大統領令によって統合参謀本部となったのではなく、大統領の意向で実質的にそのように運営されたからだ。

米軍は英軍と共同で枢軸国軍と戦うことになり、そのための最高作戦計画樹立機関としての連合参謀長会議（ＣＣＳ＝Combined Chiefs of Staff）を正式に創設した。この連合参謀総長会議は、英参謀長会議と米側のこれと対等の者によって構成されるものとされた。

この米国側メンバーは、会合が進むにつれ、米統合参謀長会議（ＪＣＳ＝Joint Chiefs of Staff）と呼ばれるようになり、この会議が実質的な統合参謀本部となった。

ルーズベルトが正式組織として統合参謀本部を作らなかったのは、法律制定で作るとすれば、建国以来伝統的に軍の力が大きくなることをきらう議会で一悶着《ひともんちゃく》が必至であると考えたからである。また、大統領令という文書で作るとすると、はっきりした枠ができてしまい、組織やその運用が固定化してしまうおそれがあったからだ。

統合参謀本部は柔軟な組織

ルーズベルトは三軍の最高司令官として、随時柔軟に運用でき、最も都合よく、自己に便利のよい、効率的なものとして統合参謀本部を活用し、第二次大戦中の軍を指揮したかったのである。

ルーズベルトの目論見は正しかった。戦争の進展にともない、統合参謀長会議はたくみに変化していった。たとえば、英国側メンバーに空軍参謀総長がいたことから、陸軍航空隊司令官のヘンリー・アーノルド中将がメンバーに加えられた。また、大統領と統合参謀長会議の連絡役的な議長ポストがつけ加えられ、リーヒ海軍大将がその任に就いた。

陸軍のマーシャル元帥の主張により、陸海軍を統一した国防軍を作る案や、統合軍を指揮する統合参謀総長制度の導入案もあったが、いずれも海軍のキング元帥の猛反対で実現されなかった。また、統合参謀長会議としての意見は、リーヒ、マーシャル、キング、アーノルドの四人の多数決で決めることなく、全員一致した場合のみ統合参謀長会議の意思となった。

これはキングの強い意向によるものだった。リーヒは大統領との連絡役に徹して自分の意見はいわない。陸軍航空のアーノルドは、無条件にマーシャルの意見に従う。となると、キングはいつも少数派になるおそれがあったからだ。

キングとマーシャルとの間は決して良好ではなかった。だが、二人はとにかく毎週連絡会を持ち、二ヵ月に一回くらいの英軍首脳との連合参謀長会議では共同して米軍側の戦略や意向を説明し、連合軍としての統一のとれた作戦計画の遂行に努めた。

キングは合衆国艦隊司令長官と海軍作戦部長を兼ねていたが、自分の時間の三分の二を統合参謀長会議と連合参謀長会議関係に費やし、残りの三分の一を合衆国艦隊司令長官としての仕事にあて、海軍作戦部長としての仕事に注ぐ時間はあまりなかった。

日本での統合化は案の段階

日本軍にも、統合参謀本部の案はあった。米軍と同様、陸軍が積極的で海軍は消極的であった。

第二次大戦勃発直後のドイツに派遣された山下奉文中将を長とするドイツ軍事視察団による報告書には、①空軍の独立、②陸軍の機械化、③三軍の軍政・軍令の一元化がうたわれ、国防省とともに国防総長制度の創設が進言されていた。

米国の例を見ても分かるように、陸海軍の統合は一編の視察団の報告書につけられた進言で実現できるものではなかった。米軍は種々の制度ないし組織を作って、なんとか陸海軍を統合化して作戦遂行ができるよう試行錯誤を行い、大きな破綻を示すことなく勝利に導いた。

日本軍の場合は、最後までそのような体制はとれず、陸軍参謀総長と海軍軍令部総長が定期的に会合して議論するなどということは一度もなかった。中佐クラスの参謀が互いに相手の腹を探り合って軍事計画を進めるのが実態だった。

両軍の首脳が一堂に会するのは、すでに根まわしの終わった段階で、両総長はセレモニーのひな壇の人形的存在だった。

陸軍が「陸海軍統合」――少なくとも統帥部の統合――を公式に主張しはじめたのは、戦争の終局に近い一九四五年（昭和二〇年）になってからである。梅津総長は、参謀本部の部長会議で一月一一日、検討を指示した。三月三日、天皇は、杉山元・米内光政の陸海軍大臣を呼び、この件での意見を聞かれた。その直後陸軍側が正式に陸海軍の統合を海軍側に申し入れている。

しかし、米内海軍大臣や井上成美次官は反対した。陸軍が海軍をのみ込むための陰謀と見たのである。

井上次官は、かねてより陸軍の「国家の上に陸軍がある」といった考え方を強く嫌っていた。また、陸軍の陰謀や組織いじりが好きなことにも不信を持っていた。

明治憲法では、首相の権限の規定はなく、閣僚の取りまとめ役以上のものではなかったから、陸・海軍大臣を指揮・命令することはできなかった。統帥権が内閣と離れて独立していたから、陸・海軍大臣は参謀総長や軍令部総長に指示することができなかった。おまけに、大臣や総長はロボット化され、実質的権力は陸・海軍省や統帥部門の中堅将校が握っていた。

戦時という国家の存亡をかける時期に、陸・海軍の軍務や作戦を強力に調整・一元化することなど夢の話であった。

米国憲法では、大統領が軍の最高指揮官であることを明記している。また、大統領は内閣の長として陸・海軍長官を任意に任免できる。このような強力な大統領の権限の下での米国でも、陸・海軍の統合的運用はむずかしかった。法律的かつ意識的に権力が集中されることを排除する体制下の日本では、陸・海軍の統合的運用などできぬ相談だった。

2　ロジスティクス部門の統合対策

◆近代戦は戦闘だけでなく生産力を含むロジスティクスの戦いでもある。日本は、第一次大戦の教訓から、総力戦へ向けて軍需品の生産などを担当する軍需省等の各種の行政組織を創設した。
◆しかし、太平洋戦争中、最も重要な航空機製造は陸海軍の対立により調達した資材の融通もままならぬほど著しい非効率を招いた。

第一次大戦は、ヨーロッパの強国が死力を尽くし、資源を使い果たして戦った総力戦であった。軍事面での戦闘で短期間でカタがつき、勝者が敗者に特定事項をのませることで結着していた従来の戦争とは大きく異なっていた。総力戦は経済戦であり工業戦であり心理戦であり長期戦であった。

第一次大戦の戦訓を学ぼうとした陸軍は、一九二〇年（大正九年）八月、作戦資材整備会議を発足させた。また、第一次大戦の前後と最中の三度にわたり、ヨーロッパに派遣された永田鉄山中佐が中心となり、軍需品産業近代化を目指す陸軍行政機関として一九二六年（大正一五年）一〇月、整備局が設立された。当初は統制課と動員課の二課であったが、一九三六年（昭和一一年）八月それぞれ整備課・戦備課と改称した。前者が陸軍を代表する窓口機関であり（二年後に工政課と改称）、後者は具体的資源の陸軍内部への配分の職務を担った。一九三九年（昭和一四年）一月には資源課（二年後に燃料課と改称）と交通課の二課が追加された。

組織づくりは早かったが……

陸軍の通弊の一つは、組織を作ることが好きだったことだ。目新しい組織をさっと作る。組織を作って人と予算さえつければ、それで何事もできるという幻想を持っていた。宣伝と観念論が先走りし、肝心の地道な具体的内容の充実には熱意を示さない。熱意と実行力のある人が長期間その組織で活躍しなければ、創造的な仕事ができないことを官僚化した陸大卒軍人は知ろうとしなかった。

官僚化軍人が二年ごとに、あるポストに就いては去って行く。彼らにとってそのポストは出世のための一時のステップにしか過ぎなかった。そうして、相変わらず陸軍で主流だった歩兵科将校が航空本部の主要ポストに座りつづけていた。

資源や生産力を戦争目的のために総動員させようという第一次大戦による戦訓は陸軍省の整備局を生み、一九二七年（昭和二年）には、国家総動員のための人的・物的資源の統制、運用計画に関する事項を統轄する内閣資源局が設立された。また、一九三五年（昭和一〇年）には内閣調査局が設立され、一九三七年（昭和一二年）五月これが企画庁となり、一〇月にはこの企画庁と内閣資源局が合併して企画院となり、戦時体制推進の機関となっていった。

海軍では、軍需産業行政は軍務局で扱っていたが、ヨーロッパでの第二次大戦の勃発にともなう日米間の緊迫を背景に、一九四〇年（昭和一五年）一一月、兵備局が創設された。初代兵備局長は保科善四郎少将。第一課から第四課までの四課で構成し、その職務は次のとおりであった。

第一課＝出師準備、国家総動員、軍需品整備、徴発、水陸諸設備、通信
第二課＝①軍需工業動員の統制、②物資の生産力拡充の統制、③物資の需給調整、④軍需品生産の指導の統制
第三課＝港務、運輸、水路および海上保安、船舶の調査および利用
第四課＝労働力の需給調整、国家総動員法による徴用、その他労務一般

一九四三年（昭和一八年）一一月一日、軍需生産一元化のため軍需省が創設された。同時に運輸通信省（海陸運輸一元化のため）、農商省（食糧自給強化のため）が創設された。この月の一五日には、重要国防資源輸送路の確保と南方戦線への補給船隊護衛強化のため、海上護衛総司令部が設置される。

軍需省は、企画院と商工省の重工業部門が統合されたものだ。企画院は、①国家総動員法・電力国家管理法の制定、②物資動員計画の設定、③重要産業充実計画の策定を目的として一九三七年（昭和一二年）一〇月に設置されていた機関。

軍需省の各局は次のとおりであった。

総動員局（企画院の機能の大部分を引き継ぐ）、機械局、鉄鋼局、軽金属局、非鉄金属局、化学局、燃料局（以上商工省より）、電力局（逓信省より）

軍需省の外局として、航空兵器総局が設置され、陸海の航空機生産の統制機能を集中した。

大臣は結局、総理・陸相が兼務

軍需相としては、海軍側から実業界出身の藤原銀次郎が推され、陸軍側の担当部門も同意していたが、東条総理兼陸相が軍需相も兼務することとなった。東条は後に、このほか参謀総長も兼務する。自分の影響力・指導力によってではなく、ポストの長の権限によって動かそうとする、いかにも官僚軍人らしい考えによるものだった。結果的にその役所の事務運営に巻き込まれ、長期的・大局的視点からの考慮に割く時間はますます少なくなった。東条は、首相官邸・陸軍省・軍需省と毎日のように動き回り、民情視察と称して町のゴミ箱の中身を調べる。末梢部分に神経を使って大局指導が空になった。

東条をよく知り、官邸や自宅へもよく出入りしていた朝日新聞の高宮太平記者は東条を、

「凡帳面な小心者。もとより戦時宰相の器でない。市井の正直な小心者が何かのはずみで逆上すればとんでもないことをする。平時の陸相まではまだ手におえるが、戦時の宰相と陸相を兼ね、最初は内相まで兼ねたのだから、その肩書の重さに逆上気味になったのでないか」

といい、

「逆上すれば恒常心を失い、恒常心なきときの判断が正常であるはずがない」

といっている。

軍需省の中心は航空兵器総局で、総局長は陸軍の遠藤三郎中将、次長は海軍の大西瀧治郎中将だった。航空機を除いた軍需品は依然、陸海軍が握っており、陸・海相は特定軍需品に関し、軍事上必要な事項について軍需省の関係局長に対し指揮監督し得るものとされていた。

航空兵器総局では、課長以上のポストはすべて軍人が占め、軍需省の他の部門でも課長以上のポストの四分の一を軍人が占めた。

これがうまく機能しなかったことはもちろんだった。戦争をするため強い軍人になるよう育てられている軍人が、産業行政をやれるはずがなかった。産業行政は、精神論や小手先の思いつきでできるものではない。第一次大戦時、軍需省を設立した英国の戦時宰相ロイド・ジョージが、徹頭徹尾、実業人による組織で運営させたのとは対照的であった。

第一次大戦に際して英国を救った戦時宰相のロイド・ジョージは、軍需品の大消耗を予想し、軍人で固めた陸軍省軍需局の機能を停止させ、新たに軍需省を創設して自ら兼務した。この軍需省は、彼によれば、「徹頭徹尾民間の事業家を配した」組織であった。彼は陸軍省の機関銃製造の要求に、「この数字を自乗し、二を掛けよ。幸運を祈ってもう一度これを二倍にして生産せよ」といったという。

軍人が受けた教育や思考パターンでは生産行政などとてもできないと考えたからだ。

事務から超然としてホワイトハウスにあり、週末にはハドソン川渓谷を臨むハイドパークの自宅で英気を養うルーズベルトと比べて、日中は役所をかけ巡り、夜は深更まで書類に目を通して手帳にノートする東条は対照的だった。東条は、事務処理で仕事ができると考える官僚軍人の典型だった。

組織を作ったからといってもそれだけではうまくいかないのが普通だ。それなりの強い権限と時間と人が必要である。軍需省といっても実質は陸海軍の利益代弁者の集まりだ。明治憲法下では、総理大臣は陸海相を指揮命令できない。まして、軍需相は陸海相を押さえることはできない。トップは陸海軍の融合に腐心した。東条は海軍に気兼ねしていたし、島田海相も陸軍に気配りしていた。

航空兵器総局次長の大西中将は、東条の戦争指導に対する海軍内部の不満を伝える高木惣吉教育局長を叱った。

「君らは東条に会ってもいないで時局担当に適不適をいう。……海軍の要望が通らぬというが、通すように東条に話さぬ海軍が悪いんだ。東条は海軍を無視しているとは思わん」。

上はそうでも、下へ行くほど陸海軍の対立は抜き差しがたいものとなった。

大西中将は、

「海軍は全力をあげて（日本）陸軍と戦い、余力でもって米軍と戦っている」

と嘆いた。

両軍のいさかいが最大の問題

陸大卒の陸軍将校は弁が立つ。陸大ではメッケル以来の伝統で議論を重んじた。白を黒といい張っても自説を通そうとする。押しも強いし、クセもある。サイレントネービーといわれた海軍では自己主張する者や議論好きはきらわれ、温厚篤実な者が評価された。議論すれば陸軍に押しまくられる。そのうっぷんもあって、陸軍のやり方を「陸式」「馬糞」といって嘲笑する。

一九四三年（昭和一八年）の一月、首相官邸を訪れた前述の高宮太平に東条はぼやいた。

「海軍とうまくいかないんだ。陸海軍が対立抗争するようでは、戦《いくさ》はできない。上の方では話がついていても、下に行くほどこんがらがる。どうも手がつけられない」。

航空兵器総局長だった遠藤三郎中将も回想する。

「とにかく飛行機が足らん、……航空要員と飛行機の増産をやれということになった。……すべて欠陥だらけ。一番大きな欠陥は陸海軍のけんかですわ」

「三菱と中島は陸海軍両方の飛行機を作っているが、同じ会社で陸軍機の技師と海軍機の技師との間の研究の交流を許さんのです。もう絶対秘密です」

「同じ会社に（貴重な）ニッケルがあっても陸軍で世話したものだと海軍が必要としても渡さない。工場建設でも一方の建築資材で建てた工場では他方側の工作機械を工場に入れさせない。駅で赤サビになっている」

「各会社に航空兵器を注文するのに予算もへチマもない。来年度、再来年度の予算までやって、オレの方を早く作れという。臨時軍事費ですからいくらでも金はとれるので、もうメチャクチャ」

「飛行機が完成すると武装の兵士が互いに取りに行く。血を流さんばかりの争いだった。日本を滅するのは米英でなく陸海軍航空だ、という陰口さえあった」。

一九四四年（昭和一九年）四月、海軍省軍務局員の中山定義少佐は、群馬県太田の中島飛行機製作所を視察した。工場内は、厳然と陸・海軍工場に区別されていた。不必要と思われるくらい高い壁で区画され、あたかも敵国同士が秘密保持に苦労しているかのようだった。外観だけでなく、内部の陸海軍の縄張り争いは想像以上で、資材も工程も製品も別々のルートで流されている。陸海軍双方から要求される規格や性能は大同小異のものが多い。せめて一部だけでも共通部品を使い、共通工程で流せば能率が著しく上がると工場管理者が訴えても、陸海軍の若い中尉クラスの監督官は聞く耳を持たない。

中山少佐が驚いたことのもう一つは、工場の作業能率の程度が囚人・勤労動員学生・工場工員の順番だと聞かされたことだ。軍の若い中尉クラスが命令調で精神論やビンタだけで働かそうとしても腕に自信のあるベテラン工員は動かないのだ。彼らベテラン工員を指導的立場に立たせたり、能率給によって賃金増額できるようにしてやることは、日頃から命令だけで部下は動くと思っている単純な若手軍人には考えの及ばぬことだった。

戦略が違っても、資材は均等割り

一九四四年（昭和一九年）の初め、陸海軍間での最大の案件は、航空機の割り当てだった。これは、航空機製造に不可欠のアルミニウムの割り当てといってよかった。一九四四年度のアルミの総生産量を二一万トンと予定すると、航空機の生産予定数は四万機となる。従来のように陸海軍均等割りとすると海軍機は大型機が多いから二万機以下となる。海軍軍令部は、太平洋方面における航空機がこの大戦の勝敗を制するという考えから、最低生産確保機数を二万六〇〇〇機と見込み、アルミの陸海軍割り当てを一対二とし、海軍省はこの案で陸軍省と折衝した。

軍令部の山本親雄作戦課長は、参謀本部の真田穣一郎作戦課長に次のように伝えた。

「陸軍では軍の主力はいぜん地上兵力で、飛行機は補助兵力と考えている。海軍は主兵力は飛行機で、戦艦や巡洋艦は補助兵力となっている。不肖私が作戦課長になっているのもパイロット出身だからだ。作戦課内でもパイロット出身者が中心となっている。参謀本部の課長にはパイロット出身者は一人もいないではないか。この事実からだけ見ても海軍が飛行機をいかに重視しているかが分かると思う。公平な立場で海軍の主張を認めてもらいたい」。

統帥部（参謀本部と軍令部）間でも、陸海軍省間でも結着がつかない。この問題では、昭和天皇もたいへんご心配になり陸海両総長にとくにお言葉があった。

結局、陸海軍の両大臣と両総長との四者会談が二月一〇日開かれ、資材配分は陸海軍パリチー（同量）となった。

この戦争の主敵が米国であり、主戦場は太平洋であり、その戦局は航空機によって決まる。総理大臣の権限がきわめて弱く、陸海軍が併立していて両者間の調整機関のない当時の制度下ではこの単純明快な事実からの戦略的決定ができなかった。それは当時の東条、嶋田、杉山、永野といったリーダーの問題ともいえた。勝海舟や大久保利通であれば、決してこういうことをやらなかっただろう。

二月一〇日の決定に対しては、軍令部も海軍航空本部も憤激の極に達した。高木惣吉教育局長は、もしこの空気が前線の部隊に伝わったらと想像すると、まったく膚《はだ》に粟を生じる気がした。

太平洋戦争時の陸海軍の対立抗争を見ると、近代戦の遂行には、後方――すなわちロジスティクス面で強力な指導ができる体制と、陸海軍間の調整機関の不可欠が痛感させられる。

それは、現代の役所や企業でも同様であろう。国民生活にきわめて影響力の強い有力な役所でも「局あって省なし」といわれたり、縦割り行政を総合的に調整する機関がないのは、むかしの陸・海軍並立時代と変わらない。その弊害は太平洋戦争での敗戦となって現れ、現在の縦割り行政のそれは、一九九五年一月の阪神大震災の際に噴出した。

3　国防総省の創設（I）——三軍の統合的運用の必要性とフォレスタル

◆兵器を含む軍需品の調達・生産などのロジスティクス面をはじめ、共同作戦遂行でも、陸海軍を別別に運営するより統一する方が合理的だ。しかし、実施に移すとなると陸海軍の対立が障害となる。
◆ルーズベルトは、強力な指導力で陸海軍の主要ポストに実業界出身者を充てた。日本は軍需省を設立したが軍人支配で目的を果たせなかった。

陸海軍のいがみ合い、ロジスティクス関連の二重投資やムダ、陸海軍の共同作戦の重要性の増大などを考えれば、両軍を統一して管理・運営する国防総省という考えが出てくるのは自然であった。しかし、陸海軍の当事者は頭の中でそれがベターと考えても、感情の面でなかなか実行できるものではなかった。そして、自軍の発言力を増そうないし減らすまいといった利害関係がからんでくるのも自然である。

米国では第二次大戦中、議会に国防総省設置の動きがあったし、陸軍のマーシャルは少壮士官時代から国防総省案主唱者だった。ただ、キングをはじめ海軍関係者は最後まで、軍の統一管理機関としての国防総省案に反対しつづけた。これを陸軍が自分の勢力を伸張させるための陰謀と見たのである。

ルーズベルト大統領は、軍の最高司令官として陸海軍を統制する自信があったから、機構改革には関心を示さず自分のリーダーシップで陸海軍を統御しようとした。

ルーズベルトの後任のトルーマンは、上院軍事委員会の委員時代から、陸海軍のロジスティクス関連（病院・通信・軍需品調達など）の二重投資のムダを苦々しく思っており、陸海の統一によりこのムダを省こうと考え、陸海軍の統一的運営手段の導入を関係者に指示していた。

この問題へのアプローチは二つあった。その第一は陸軍方式で、軍隊式の明快な組織である。

つまり、国防総省を作って国防長官が陸海軍を管理し、作戦関係は国防長官の下に国防参謀本部を設け、国防参謀総長が統轄する。

第二のアプローチは、海軍長官のフォレスタルや、彼の知恵袋のエバーシュタットの考えである。大手投資信託会社の社長の経験者で米実業界の大手企業の運営のやり方をよく知っていた。この二人は、米国の大企業の管理運営方式を参考にしようとした。取締役会のような重要案件審議機関（国家安全保障会議など）を設け、この機関の決定を国防長官が執行する方式を考えた。

初代長官は実業界出身

結果的にフォレスタル方式の国防総省が成立したのは戦後の一九四七年。時の大統領はトルーマンで、初代国防長官は前海軍長官のフォレスタルが任命された。

しかし、フォレスタル方式も決定に時間がかかることなどの問題があり、その後、陸軍案の要素が加味されていった。米国の国防総省の創設とその機能や組織を考える場合、フォレスタル抜きでは考えられない。フォレスタルのキャリアとその思想を簡単に眺めてみたい。

フォレスタルは、一八九二年ニューヨーク州のマテワンに生まれた。ニューヨーク港からハドソン川を五〇マイルほど遡《さかのぼ》ったところに陸軍士官学校所在地のウェストポイントがある。ここからさらに一〇マイル遡るとマテワンに着く。さらにまた一〇マイル遡るとハイドパーク村だ。大統領のフランクリン・ルーズベルトはハイドパークで生まれ、ここを終生愛して生活の拠点とした。

フォレスタルの父は、自営の建築業を営み、民主党の活動家だった。二九歳のルーズベルトが政界に第一歩を踏み出したニューヨーク州上院議員選挙の出馬では、選挙運動をこのマテワン地方で開始し、選挙キャンペーン中はフォレスタル家に泊まった。

高校卒業後は、父の友人が経営する地元の民主党系の『マテワン・ジャーナル』に入って編集を手伝った。この新聞社の社主の息子がプリンストン大学に入ったことに刺激を受け、プリンストン大学入学を目指した。

富裕な家庭の子弟の学校として有名なこの学校では、学資かせぎに苦労し、夏休みにはマテワン・ジャーナル』でアルバイトをした。また、校内紙『デイリー・プリンストニアン』の編集に首を突っ込み、後には編集長となった。この『デイリー・プリンストニアン』の編集長時代の人脈がその後のフォレスタルを支える人脈となる。ちなみに、ルーズベルト大統領もハーバード大学時代、校内紙『ザ・ハーバード・クリムゾン』の編集長だった。当時の米国のエリートといわれる人々は、アングロ・サクソン系のプロテスタントで東部のグロートン校、ハーバード大学、プリンストン大学出身者が多かった。フォレスタルは、アイルランド系。母は熱心なカトリック信者でフォレスタルが神父になることを望んでいた。

プリンストン大学を出た後は、錫会社やタバコ会社を経て、新聞社の『ニューヨーク・ワールド』に入った。ここで、ウォール・ストリート担当となり、多くの銀行・証券会社・投資信託会社のトップ層と知りあい、投資信託会社に入社した。

第一次大戦で米国の参戦に際しては、海兵隊を希望した。陸軍のもったいぶった形式主義的な雰囲気を嫌ったからだ。しかし、海兵隊では士官への道がむずかしいことを知り、結局、海軍を志望してパイロット訓練隊に入隊する。パイロット資格を取り、終戦時は中尉で除隊。元の投資信託会社に戻って、後に社長となる。

ウォール・ストリートで一仕事を終えたと考えたフォレスタルは次第にワシントンでの仕事を望むようになった。

戦時行政こそ民間人が必要

当時のルーズベルトは、ドイツとの戦争は避けられないと考え、民主・共和両党連立の挙国一致内閣を模索するとともに戦争に備え、実業界からの人材の連邦政府への導入を望んでいた。ルーズベルト（民主党）は、共和党の大物二人を自分の閣僚（ノックス海軍長官、スチムソン陸軍長官）にすることで、挙国一致内閣を実現した。フォレスタルにも関心を持ち、海軍次官のポストを与えた。彼は、フォレスタルと同郷でその父親が自分の選挙運動をやってくれていたからだ。また、フォレスタルがルーズベルトのニュー・ディール政策に賛成していたこともルーズベルトの心証をよくした。ウォール・ストリートの人々の多くは、ニュー・ディールに反対していたからだ。

フォレスタルのホワイトハウス入りに対して『タイム』誌は、軍備の大増強が必要となっており、実業界から有能な人材が政府機関に求められるのは自明の理である、と書いた。戦争ともなれば、硬直的・先例優先で動きが鈍く、変化に抵抗する官僚主体の政府機関が迅速・効率的に対応できないことは明らかだった。

この辺が、戦時の米国と日本の対応の大きな相違であった。日本では、まず役人の権限を強くすることがはかられ、実業界を役人の力で強く指導しようとした（国家総動員法の成立など）。それでも歯がゆいとなると、組織をいじって（軍需省の創設など）軍人によって、生産体制を指揮しようとした。

もともと、戦《いく》さをするために、少年期より教育を受けているのが軍人である。命令すれば下は絶対服従で従うと思っている。役人は、先例主義と日常の書類審査でがんじがらめの発想しかできない。

海軍省軍務局第二課の中山定義中佐は、東条の後任の軍需大臣となった三井グループ出身の藤原銀次郎の行政査察に加わり、軍需工場を視察した。中山中佐は、軍人・官僚の計画は机上のものであるのに反して、藤原氏のようなプロの実業人のやることは、足が地に着いていることを痛感した。

藤原は、

「陸海軍が無駄な対立をやめ、資材を能率的に利用すれば、航空機の生産は一挙に増やすことができる」

と指摘したが、陸海軍の併立主義の軍需省ではどうしようもなかった。

陸海軍を動かす力を与えられなかった藤原は、一人では何もできなかった。

実際、軍需工場で働いていてこれではダメだと感じた人々も多かった。東大工学部の航空原動機学科で学んでいた山内一郎(後に日野自動車工業副社長)は、航空機エンジン工場に動員された。山内は、エンジン組み立てラインの一つをまかされたが、同じ部品でも調達ルートが陸軍用と海軍用に分かれている。双方の部品の流用ができれば部品不足からくるラインのストップは防げるのだが、許されない。

「双方とも縄張り根性丸出しで、できるエンジンもできない」。

機構いじりや、法律の制定も大事で、平時ではそれなりに有効だが、戦時ともなると、人の要素がきわめて大きくなる。

英国は軍需省を実業人に任せる

その点で、第一次大戦中、英国のロイド・ジョージ首相が軍需省を徹頭徹尾実業人の手に委ねたことや、ルーズベルトが戦争以前から政府のロジスティクス関連部門に実業界の人々を入れることに熱心であったことは、日本と比較して米英の首脳が戦時行政の本質を理解していたことを示している。たとえば、ロイド・ジョージが民間人のエリック・C・ケディスを陸軍少将に任命して鉄道運輸関係にあたらせた。その後、彼を海軍大将に任命して海上の軍需品補給を担当させ、最後には閣僚の運輸大臣にまでしている。

一九四〇年六月、フォレスタルはホワイトハウス入りした。この同じ月に、共和党の大物のスチムソンとノックスが陸軍長官・海軍長官として民主党のルーズベルト政権に入閣して挙国一致内閣ができた。フォレスタルが海軍次官に就任するのは二ヵ月後の八月である。

戦時になると海軍省の業務は膨大なものとなった。これらを調整し、コントロールするためには、①海軍作戦部長、②海軍省主計局長、③海軍次官のいずれかの権限増大で対処することが考えられた。結局、ノックス海軍長官とルーズベルトは、③によって対処しようと決断した。このため、ノックス海軍長官は、①政策問題、②広報、③ホワイトハウスとの窓口を受け持ち、フォレスタル次官は戦時行政の中心となる軍需品の調達関連の最終責任者となった。

戦時となれば膨大な軍需品生産が必要となる。資材が無尽蔵にあるのならばともかく、限りある資材を陸海軍にどう配分するかは切実な問題だ。また、生産体制をどのようにして戦時生産体制に切り換えるか。

第一次大戦の際、ウィルソン大統領は戦時産業局（WIB＝War Industrial Board）を創設して戦時生産体制のスムーズな導入をはかった。

戦後WIBは廃止されたが、陸海軍の軍需品調達業務調整の重要さを実感した政府は、国防法により陸海軍軍需局（ANMB＝Army Navy Munition Board）を一九二二年に設立し、あわせて陸軍軍事産業大学が一九二四年に創設された。

この大学は、①民間産業を戦時産業体制に切り換える場合の問題点の研究、②産業の軍事体制化移行計画の策定・研究を任務とし、陸軍次官の直轄下におかれた。一九三一年より海軍士官も入学した。戦後の一九四六年、国家安全保障のための資源マネジメント研究を目的とする軍事産業大学（ICAF＝Industrial College of Armed Forces）となった。

米国は陸海軍とも実業人を重用

海軍が多くの実業界の人々を導入した以上に陸軍も導入した。第一次大戦中WIBの局長だったバルチは、スチムソン陸軍長官やマーシャル参謀総長に軍需品調達行政には民間のエキスパートを多数導入するよう進言していた。陸軍次官のパターソンもこうして陸軍に入った一人であった。

ANMBを陸軍次官の下におくことは平時ではともかく、戦争が間近くなった時点では不可と考えたルーズベルトは一九三九年七月、大統領の直轄下におくこととした。そして、フォレスタル次官とパターソン次官はこのANMBを陸海軍の軍需品行政の調整機関とすると同時に、その長に民間人のエバーシュタットを任命して、軍事界・実業界・金融界を連携させる機関とした。

エバーシュタットはプリンストン大学出身でフォレスタルより二年先輩。大手投資信託会社の社長だった。フォレスタルの推薦でエバーシュタットはＡＮＭＢの責任者となった。エバーシュタットの仕事は、①陸海軍競合による資源・労働力・製品のムダをなくし、②鉄・銅・アルミといった重要資源の部品、製品の配分を考え、③生産・補給のボトルネック対策を実行し、④陸海軍の軍需生産問題の利害を調整することだった。

当時、戦時経済を扱う政府機関は、①戦時経済局（ＢＥＷ）、②戦時生産局（ＷＰＢ）、③ＡＮＭＢだった。これが大統領の直属機関として各省庁を調整した。①は外国との貿易と戦略資材問題を扱い、②は産業界組織と資材の国内配分の優先順位づけをした。

なお、ルーズベルトは一九四三年五月、④戦時動員局（ＯＷＭ）を作ったが、①②③に屋上屋を架すようなもので実効はなかった。
②の戦時生産局はニューディール政策関係の法律家やエコノミストの巣窟《そうくつ》ともいわれ、アンチ大企業の雰囲気が強く、大手投資信託会社出身のフォレスタルやエバーシュタットと肌合いが異なっていた。陸海軍という色合いに染まっていないスチムソン、ノックスの両長官、パターソン、フォレスタルの両次官の下であっだからこそエバーシュクットはＡＮＭＢの仕事を自分の考えで遂行できた。ちなみに、スチムソンは共和党内閣時代にすでに陸軍長官や国務長官を経験しており、共和党の副大統領候補だったノックスは一代で『シカゴ・デイリー・ニュース』を大新聞に育てあげた新聞人である。
ＡＮＭＢは、日本でいえば軍需省に当たるといってよかろう。日本では、軍需省の要の航空兵器総局は総局長以下課長以上はすべて陸海軍軍人で、他の主要ポストも陸海軍軍人が占めた。物の流通や生産に疎い軍人が生産に対処しようとしたのだから話にならなかった。なんのことはない、陸海軍の軍需品行政の対立を軍需省内にも持ち込んだだけとなった。

硫黄島で大軍の米軍と善戦した栗林忠道中将は次のようにいっている。

「僕は大尉の頃、米国に三年いて、同じ隊の（米国の）将校に自動車の運転を教わり、車を買ってあちこちまわったが軍事と工業の連絡は素晴らしいものだった。デトロイトも見たよ。実業家が陸軍長官や海軍長官になって軍需工場の裏付けをやるんだからたまらない。……（陸軍の幹部にこのことを）いくらいっても俺達の言うことは聞いてくれないのだ」。

一九四五年（昭和二〇年）四月、片倉衷少将は東京用賀の東条英機邸を訪れた。東条は首相の座を降りていたが、首相当時、陸海軍の統合に悩み抜いていて、片倉に、

「陸海軍の統合問題こそは私の終世の悩みであった」

と打ち明けた。

陸海軍の調整は、米国でも日本の明治時代でも力量あるシビリアン（文官）が遂行した。その体制がとれなかったところに昭和の悲劇があった。戦後の行政改革や国鉄の民営化など成功した時には必ず有力な民間人のイニシャティブがあった。激しい国際・国内競争にさらされることもなく、縦割り行政に長年毒されてきた官庁人に委ねていてはできなかったことだった。

何事も具体的・合理的に考えるところが実業人の強みである。実業人は観念論や理想論や「天下国家のため」といった美辞麗句には惑わされない。

4　国防総省の創設（II）——海軍が対案を示し上部組織をおいた

◆米陸軍関係者は、国防総省をおき陸海軍の一体運営が必要と考えた。しかし、海軍は陸軍による支配と見るものが多く、統合への対案を示した結果、国防総省の上に国家安全保障会議などをおくことになった。

◆日本は企画院・軍需省・技術院など、軍事技術の開発や資材配分・製造を統合する組織をつくったが、陸海軍の対立でうまく機能しなかった。

米国では、陸海軍の統合に関して二つの流れがあった。陸軍関係者の考えと、上院軍事委員会を中心とする議会関係者の意見であった。

陸軍の中には、空軍の独立というさらに別の考えがあった。ビリー・ミッチェル大佐以来、陸軍には空軍独立の思想があり、第二次大戦で陸軍航空隊は無視できぬほど大きくなっていた。

陸海軍統一に関する陸軍の考えは、組織をすっきりさせる

こと、換言すると、簡明・直截・効率的な軍組織を作る、ということだった。陸海軍が併立して、両者が対立したり、調整に時間がかかったり、妥協の産物的作戦がとられることは、迅速な決断と作戦の明快な整合性が何よりも重要な軍隊ではたいへんな不都合だ、という考えである。

　つまり次のような考えだった。

①近代的武器や装備が必要なのと同様に、近代的な効率のよい軍事組織が必要だ。

②第二次大戦の体験による軍の管理面の重要さ。第二次大戦での作戦は「戦い」があったというより、「管理」があったといってよかった。第二次大戦は、決して軍事的天才によって指導されたのではなく、政治的指導者による「指導」と幕僚群の「管理」によって指導された。

③三軍を統合的に運営しなければ将来戦を戦えない、という切実感。地上・海上・航空と分ける時代は過ぎ去った。将来、戦争があるとすれば、地上・海上・航空のすべての軍事要素を一つに集中して戦わなければならない。

④国防上バランスの取れた戦力が必要だ。バランスが取れるとは、人員とか予算についてだけではなく、防衛上の諸必要事項のバランスである。このようなバランスには、陸・海・空のバランスも含まれる

　以上のようなことを考えると、三軍を統合した国防総省と、その下に国防参謀本部を作って、より高い次元から国防諸政策をリードしていく体制を作りあげる必要がある、と陸軍関係者は考えた。

米陸軍元帥は統合が持論

　第二次大戦中、陸軍のトップだったマーシャル元帥も、陸海軍の統合は青年士官時代からの持論だった。

　マーシャルは青年士官時代、海軍が陸軍と比べてよい（値段の高い）軍服を着ているのが不満だった。さらに、第一次大戦中は、ルーズベルト海軍次官（第二次大戦中の大統領）の力が強くて潤沢な予算が海軍につくのに対し、陸軍はいつもケチケチで行かねばならぬことも不満だった。人間の思想には、このような些細なことが大きく影響する。ルーズベルトは第一次大戦中も含め、八年間の長期間にわたって海軍次官を経験し、海軍行政を知悉《ちしつ》していた。かねがね米海軍を「マイ・ネイビー」と呼び、海軍を「われわれ」といい、

陸軍を「やつら」と呼ぶほどの海軍びいきだった。大統領になってからも卓上にはいつも「海軍士官名簿」をおき、うわさや感想を書き入れていた。そして海軍の主要人事を独裁していた。

海軍側は、陸軍の主張する統合の考えに疑問を持っていた。陸軍による海兵隊の吸収、陸軍航空隊による海軍航空隊の吸収、陸軍主導での国防体制の指導・遂行を恐れたのである。

海軍トップのキングはマーシャルの陰謀だと考え、反対の姿勢を崩さなかった。また、海軍びいきのルーズベルト大統領は、マーシャル参謀総長やスチムソン陸軍長官による陸海軍統合案には耳を貸さなかった。

陸海軍統合についての陸軍側の考えに対して、もう一つの動きは議会関係者によるものだった。これは、陸海軍併立によるムダをなんとかしたい、という考えである。輸送・医療・研究開発といったロジスティクス部門が陸海軍で重複しているのは、予算の無駄使いではないか、という考えだ。

ルーズベルト死去の後に、副大統領から大統領になったトルーマンの思考は、この考えだった。陸軍砲兵少佐だったトルーマンは、陸軍に親近感を持ち、陸軍の考えに近い。上院議員時代より、陸海軍による二重の無駄使いには特別の問題意識があった。

大戦終了で軍が大幅に縮小されることになり、連邦予算局長のハロルド・スミスも軍の無駄使いを問題にし、トルーマンにたびたびこの件で意見具申していた。

ロジスティクス関連で陸海軍の二重投資のムダを統合によって防ごうという考えは確かに人々を納得させるものであった。

日本は組織があったが、運用で対立

日本では軍需生産に関するムダの問題点と同様に、軍需品の技術開発のムダも大きかった。

その一例を太平洋戦争中の日本で眺めてみよう。

陸軍大学を出た官僚陸軍軍人は組織いじりが好きだった。彼らは組織を作って予算をつけ、人を配置すればコトはできたと考えた。予算を取るための口実作りや、その実行力は並の役人以上だった。

航空本部という組織を作ったのも、陸軍は海軍より早かった。陸軍は海軍も持たなかった航空士官学校を作った。予算も海軍に負けない予算をとった。しかし、水準以上の飛行機も航空戦術も作れなかった。

観念論と朝令暮改の航空行政では航空を一定方針で引っ張っていく人物が育たなかった。

大げさな名前の企画院を作ったのも陸軍といってよかった。企画院という組織を作って人を送り込めば、国政の計画機能はここで遂行できると考えたのだがそうはいかなかった。陸軍は企画院に予算編成権を持たせようと意図したが、大蔵省の伝統と実力と人材には抗すべくもなかった。

企画院は、重要物資の配分について主導権を発揮できなかった。実際のモノの管理や活用に疎い軍人を大量にこの役所に派遣しても無理なものは無理だ。軍需省を作ったのも陸軍だった。陸海軍の軍人を主要ポストに座らせても、陸海軍抗争の場が軍需省に移っただけだった。

内閣技術院という組織を作ったのも陸軍である。将来の戦争は、科学技術によって決まる。これに対処するため科学技術研究機関の総合整備をはかるという観念論的思考から創設された。

陸軍は、八木秀次博士が陸軍科学研究所の嘱託だったこともあり、また多くの陸軍技術研究所の顧問や参与をつとめていたことから、同博士を技術院総裁にした。八木は東北大学時代八木アンテナを発明し、新設の大阪大学理工学部長時代には湯川秀樹や朝永振一郎といった理論物理学の若手を育て、その後、東京工業大学の学長になった。組織を作って、そのトップに電波工学の権威者を据えればことは運ぶと陸軍官僚は思ったのかも知れないが、そう簡単なものではなかった。

当時、物資動員では資材の八割を陸海軍が持っていた。技術院はこの軍関係に介入できない。技術院には幹部に陸海軍軍人が送り込まれており、この軍人達が技術院を動かしている。

八木総裁は陸海軍の争いに、ほとほとあきれた。呼称も意識的に違う名称にする。レーダーを海軍は電波探信儀というと、陸軍は電波探知機と呼んだ。

目ぼしい科学者や技術者の奪い合いが全国各地で行われた。陸軍は、海軍工廠や海軍関連施設で働く技師・技手まで召集令状（いわゆる赤紙）一枚で奪う。これに怒った海軍は、これらの技術者を武官に転官させて赤紙攻勢をしのがねばならなかった。

八木は技術院総裁としての体験から次のように思った。

「今の状態では、日本という国の中に、さらに陸軍、海軍という二つの国があるのと同然だ。先進国なら政府が陸海軍の上に立ち、その政策の下に陸海軍を動かす。大統領や首相が軍の最高指令官を兼ねている。政府が陸海軍を指導する権限を持たずに、どうして戦争を指導できるか」

「首相が大本営の会議に出られなくて、どうして戦争の指導ができるのか。二つの同格の組織（陸軍と海軍）がある時には、これを統括する主体があるのが組織というものの常識ではないか」。

八木は、「決戦に向けての新兵器を作り出すこと、乏しい資源を科学技術力によって十分に活用し、資材の補給に役立てること」を技術院の使命と考えたが、陸海軍の抗争は八木の抱負を砕くに日時を要しなかった。

国家の中にさらに陸軍・海軍という二つの国家があるような状態が戦時中の日本の実態だった。

統合すれば七五％の兵員で戦える

大統領が軍の最高司令官であり、また内閣では陸軍長官と海軍長官の上に行政府の長として大統領が存在し、陸海軍長官は実業界や法曹界出身者である米国でも陸海軍の対立は大きかった。

陸海軍の統合に関して、陸軍側は首尾一貫して、①空軍の独立、②国防長官の強い指導下の国防総省の設置、③一人の国防参謀総長のリーダーシップの下の国防参謀本部設置を主張していた。アイゼンハワー元帥は、議会で統一軍となれば従来の陸海軍併立方式と比べ、七五％の兵員で戦えると証言した。海軍側は、陸軍の主張はその根底に、①海軍航空戦力の空軍への吸収、②海兵隊の陸軍への吸収、③国防体制への陸軍の発言力増大化の陰謀があると考え、陸軍案に反対しつづけた。しかし、反対だけでは話にならない。フォレスタル海軍長官は、プリンストン大学やウォール・ストリート時代からの刎頸《ふんけい》の友エバーシュタットに海軍独自案の作成を依頼した。

エバーシュタットは、陸軍案はあまりに軍事面に特化しているとして、次のように考えた。

①今後の国防体制は軍事面だけではなく、外交面・経済面からの視点が不可欠

②巨大化した国防体制の権限を一人に集中させることは組織の硬直化をもたらす。大企業で、取締役会が政策の大綱を策定し、これに従って社長以下の執行部が日常運営を行う制度を見習うべき

③政府各省庁間、政府と実業界、軍と産業界のそれぞれの連絡・協力・調整機関を大統領直属の上部機構として創設する

①、②の考え方を具体化したのが、主要閣僚その他による国家安全保障会議（ＮＳＣ＝National Security Council）で、③のための組織が国家安全資源局（ＮＳＲＢ＝National Security Resources Board）である。

大統領のトルーマンは、陸軍将校の経験もあり、陸軍側の考えに近かった。上院議員時代には予算無駄使い検討委員会のメンバーや国防問題委員会の委員長を務めたこともあり、陸海軍併立のムダを感じていた。一九四四年には、『コリアーズ』誌に、陸海軍統合に関する論文を投稿していたし、大統領となった一九四五年一二月には議会での所信表明で、予算の適正配分という点から陸海軍の統一に言及している。

一九四五年五月には、フォレスタル海軍長官、パターソン陸軍長官を呼び、その実現の促進を促した。

一九四七年一月、次のような正式のパターソン、フォレスタル合意ができた。

①創設する国防長官は統合運用のための三軍の共通政策・計画を取り扱い、陸海軍省と陸軍参謀本部、海軍作戦部はほぼ現状のまま存続させ、新たに空軍省と空軍参謀本部を創設する

②国防のための総合政策基本案を策定するＮＳＣの創設

③国防のための統合資源活用案を作るＮＳＲＢの創設

④統合情報機関としての中央情報局（ＣＩＡ＝Central Intelligence Agency）の創設

⑤統合作戦機関としての統合参謀本部（ＪＣＳ＝Joint Chiefs of Staff）の創設

統合の初期は困難に直面

こうして、パターソン＝フォレスタル合意を基礎とした国家安全法（National Security Act of 1947）は上下両院の審議を通過し、トルーマンの署名により七月に発効となった。

しかし、この法律の下での国防長官の権限は小さく、新設国防長官を補佐するスタッフも少ない。陸・海・空軍長官は、国防長官と同列の閣僚待遇で、勝手に自軍の考えを強硬に主張してやまない。エバーシュタットやフォレスタルが期待したＮＳＣやＮＳＲＢは有効に機能しない。この両組織は大統領が率先してリーダーシップを発揮しなければ動かないものだった。統合参謀本部も強力な国防参謀総長が

いるわけでなく、軍のトップの協議機関以上のものではない。トルーマンは新制度ができたのだから新国防長官によって国防費削減や予算の効率化ができると思っていたが効果が出ない。

フォレスタル初代国防長官は三軍長官を抑えきれず、悪戦苦闘の末、強度のノイローゼとなって退任（直後に海軍病院の一六階の窓から投身自殺）。

この失敗に鑑み、国防長官の権限強化とスタッフの充実の法改正（一九四九年）が行われ、陸・海・空軍長官は発言力を弱められ、閣僚ポストより低い地位となった。また、統合参謀本部のスタッフの数も増やされ、その権限が強化されて現在にいたっている。

ルーズベルトは海軍行政にくわしく、強力なリーダーシップを発揮したが、トルーマンは行政経験に乏しかった。トルーマンは、権限を与えずに責任をフォレスタルに押しつけた。フォレスタルが、陸・海・空軍長官の板ばさみに会っており、統合参謀本部も機能しないことをフォレスタルの責任にした。

部下の苦悩を部下の能力のなさとして、自ら積極的に動こうとしない上司はどこにでもいるが、トルーマンはその典型だった。

フォレスタルほどの有能な行政官を殺したことだけからも、トルーマンがルーズベルトの足許にも及ばぬ大統領だったことが分かる。

第二章　新しい概念の創造

技術の進歩が、産業界でも軍事界でも戦略を大きく変えていく。新しいテクノロジーの意味するところを正確に理解し、これをどう活かしていくか。新しいテクノロジーが新しい概念を産む。戦略家・戦術家といわれる人々は、いずれも新しいテクノロジーになみなみならぬ関心を持っていた。石原莞爾は士官時代、ようやく実用化されつつあった飛行機の翼に最新兵器だった機関銃を取りつけ、機銃掃射という戦術概念を世界に先駆けて考えついている。鉄道という新しいテクノロジーの潜在力に着目し、鉄道運輸という概念から従来の戦略を考え直したのが、プロイセンのモルトケだった。彼は鉄道を参謀本部の管轄下におき、陸軍大学校の最優秀卒業者を鉄道関連の参謀将校に任命した。

日露開戦前の日本参謀本部の最大関心事はシベリア鉄道の完成時期とその輸送能力だった。

蒸気船の出現は、海上ロジスティクスの概念を一変させた。主要航路上にある貯炭場に適した島々の獲得が欧米各国の重大戦略となった。燃料の石炭が戦略遂行を規制するようになったからである。

自動車の出現も同様であった。最初にその潜在能力に注目したのは陸軍だった。日本の自動車工業育成のイニシャティブをとったのは商工省（現在の通産省）ではなく陸軍省だった。

自動車なくして満州事変での熱河作戦は考えられなかった。ヒトラーがフォルクスワーゲンに寄せた情熱はよく知られている。

航空機の出現は、多くの戦略家・戦術家に新しい概念を産ましめた。トハチェフスキーの落下傘部隊概念、ビリー・ミッチェルの戦略爆撃概念、ドイツ軍の空挺師団概念、米英軍の輸送機とグライダー併用の航空ロジスティクス概念などである。

新テクノロジーからその潜在力を見抜き、その応用を考えることの重要性は今も昔も変わらない。

1　鉄道とドイツ参謀本部――新しいテクノロジーの応用による新軍事概念の創造

◆新技術である蒸気機関車による鉄道輸送の戦略的意味を見抜いたのはドイツのモルトケだ。後のシュリーフェンも、ロシアとフランスを相手にする両面作戦の基礎に鉄道をおいた。

◆しかし、鉄道という高速輸送手段で兵力を集中させる作戦は、一つの間違いが雪崩的に全体に波及する危うさを内在することになった。

参謀本部という軍の頭脳組織を初めて創り上げたのは、プロイセン軍のシャルンホルスト（一七五五～一八一三）。シャルンホルストの後を継いだのは、グナイゼナウ（一七六〇～一八三一）で、グナイゼナウの後の参謀部長となったのは、グロルマン（一七七七～一八四三）である。

このグロルマンの時代に、正式に参謀部（Generalstab）という名称を使用するようになった（一八一七年）。

参謀部の仕事は、近隣の仮想敵国の軍事データを収集すると同時に、あらゆる軍事衝突の可能性を検討して、有事に備えての動員、展開計画を立てることであった。

兵力輸送体制がカギを握る

プロイセンの国境にはどの方面にも天然の要害となるような山脈や大河、大沼沢地帯といったものがない。しかも、ロシア、フランス、デンマーク、オーストリアといった強大な陸軍国に囲まれている。戦線の正面が一方面だけではなく、多方面にわたる作戦を考慮せざるを得ない。このプロイセンのおかれた政治情勢と地理的特色に対してどう対処するか。

ローマ帝国はその領土の統治のため、大軍用道路網を持っていた。参謀部内に初めて戦史部を創設するほど戦史の研究を重視したグロルマンは、ローマ帝国の軍事道路網を深く研究した。そうして、交通網の整備により、どの方面にも兵力の迅速な移動ができる体制の整備が、プロイセンの戦略の基本と考えた。

グロルマンは、部隊と参謀部との連絡の緊密化をはかるため、参謀将校を定期的に参謀部と連隊に交互に勤務させるローテーション制度を導入するとともに、参謀部の組織を三方面での戦争に備えてロシア班、フランス班、ドイツ班（対ドイツ連邦諸国）に分け、それぞれ三方面での敵戦力の把握、予想される戦場付近の地図の整備、動員方法の研究などにあたらせた。戦史部門を独立させたことは前述のとおりである。

地理的状況は変えることができないが、周辺国の政治状況は変化する。多正面同時作戦を可能な限り避けられるよう、外交政策により敵を一方面だけに絞る努力は政治家の手腕にかかっている。ビスマルクやスターリンの外交政策（スターリンは西部でドイツと戦い、同時に東部で日本と戦うという東西両正面作戦を避けようと苦心した）がそうである。

いずれにせよ、地理的状況と強大な陸軍国に囲まれていることからくるドイツの戦略は、あまり変化しないが、その戦略を実現するための方法は科学技術の進歩により絶えず変化させ得るものである。

この科学技術の果実に、いかに早く着眼して効果的に活用するか。

いずれの方面へも兵力を迅速に移動・集中できる体制の整備が、ドイツ軍の戦略の基本となっている。それを実現する科学技術を、グロルマンは馬車を中心とする道路網の整備と考え、モルトケやシュリーフェンは鉄道網の整備と活用とした。そして、ヒトラーはアウトバーン（高速道路）網の整備と自動車の活用に加え、航空機による移動（空挺師団の創設など）手法を編み出した。

蒸気機関車の登場で飛躍的に進歩

戦略の誤りを戦術の巧妙さで補うことはできないが、戦略が正しいとき、戦術の巧みさは科学技術の進歩に着眼しこれをどう活用するかにかかっていると断言してよい。

一八五七年から一八八八年にわたる三〇年間プロイセン軍の参謀総長であったモルトケ（一八〇〇〜一八九一）の偉大さは、当時の誰よりも、鉄道が持つ軍事的意義を深く理解し、これを活用したことであった。

鉄道の嚆矢《こうし》は、一八二五年に英国のスチーブンソンの考案した蒸気機関車が、英国中部のストックトンとダーリントンとの間に走ったことである。人や貨物の輸送を目的として建設された最初の鉄道は、一八三〇年のマンチェスター・リバプール間の鉄道だ。英国随一の工業都市マンチェスターと大西洋航路の拠点リバプールとの間に敷設したことは、世界最初の鉄道への期待が観光用とか単なる人の移動ということではなく、産業界からの要望であったことを示している。やがて、鉄道は馬車や運河といった英国内陸部の輸送手段を駆逐していく。

ジェームス・ワットに代表される蒸気機関の改良・改善は、新しい動力源として、当時の主要重要産業の紡績業を地理的制約（当時は水車を動力源としていた）から解放し、機械制大工場の出現という産業革命をひき起こした。これが運輸関係に応用され、陸では蒸気機関車となり、海では蒸気船の出現となった。

ヨーロッパ大陸では一八三五年以降、各地に鉄道が建設されはじめた。

鉄道網と通信網を結合

モルトケの経歴で特筆すべきは、四〇歳台前半に深く鉄道業務と関わっていることである。四〇歳でハンブルグ鉄道の管理に参加し、翌年、このハンブルグ鉄道の株を買っている。また四一歳から四四歳にかけては、鉄道に関する多くの論文を書いた。モルトケは、「鉄道の専門家」といってよかろう。モルトケが着目した科学技術は鉄道およびそれと同時期に発明された電信技術だった。

「主戦場に可能な限り多数の兵力を集中する」ことが戦略の基本である。モルトケは、プロイセン各地に駐在する軍を、複数の鉄道を利用して主戦場に迅速に集中させる体制を整えようとした。

参謀本部に「鉄道部」を新設して、迅速な兵員と軍需品の輸送のためのあらゆる事態を想定しての時刻表を準備する。分進して進撃する各部隊には電信部隊を配置して連絡を緊密化する。また、各部隊の戦術思想の統一のために陸軍大学で養成した参謀将校を主要部隊に配置し、この参謀将校と電信によって中央の意向を徹底させる。

モルトケの戦略は、プロイセンの各方面から兵力を進撃させて、主戦場に兵力を集中させることから、分散前進・包囲集中攻撃作戦と呼ばれた。

ただ、中央からの大局に関する指令は徹底させたが、戦術面では現場の指揮官の自主性を尊重した。細部にわたって指揮官を縛ることは、決してしなかった。

参謀本部は少数精鋭

参謀本部の規模は小さかった。全プロイセン軍一八個師団には一個師団に一人の参謀将校を配属しており、参謀将校の数はこれら師団付参謀も含めて五〇大前後であった。後の普仏戦争時、モルトケの参謀本部には正面の三軍団のそれぞれの担当として、主任の中佐参謀の他に担当の少佐参謀一人、補佐として大尉参謀が二人おり、他副官を合わせても十数人で、文字どおり少数精鋭のスタッフ集団であった。

プロイセンに初めて鉄道が敷設されたのは一八三八年、ポツダム―ベルリン間の鉄道であり、モールスによって電信が発明されたのは一八三五年である。これらの新しいテクノロジーの持つ意味を徹底的に理解した点で、当時モルトケを凌ぐ戦略家はいなかった。

「要塞を作る費用があれば鉄道を敷け」といったのもモルトケである。

要塞は、兵力を縛りつけ固定させてしまう。これに対し、鉄道は兵力の多様な活用を可能にする。鉄道という視点からプロイセンの戦略を洗い直したわけだ。

新しい概念は、実験ないし経験によって検証されねばならない。モルトケは一八六二年、史上初の鉄道による動員の大演習を行った。対デンマーク戦争を想定しての演習だった。

南北戦争でも鉄道がポイントとなる

モルトケが、対デンマーク戦（一八六四年）、対オーストリア戦（一八六六年）、対フランス戦（一八七〇年）を戦ったほぼ同時期、米国では南北戦争（一八六〇～六四年）が勃発した。

この戦争は、鉄道が初めて戦いに利用された戦争である。広大な人口希薄の北米大陸の全土で戦われたこの戦争で、第一の問題はロジスティクス関連の問題であった。食糧を始め必要物資運送のため、北軍は兵士四人に平均一台の荷馬車と、一頭の馬を必要としたといわれる。膨大な数の荷馬車と馬が必要であった。すでに北米大陸では五万キロの鉄道が敷設されており、この鉄道は極力利用された。また、鉄道の集結地点は戦略上の攻撃地点となり、双方とも相手の鉄道網の切断が大きな戦術目的となっていた。

ヨーロッパの戦場と米国での戦いの相異に関して指摘すべき点は、南北戦争はアマチュアの戦いであり、プロイセン軍の戦いは専門家の戦いであったことだ。

建国以来、職業軍人の発言権が大きくなることをきらった米国は、常備軍の規模がきわめて小さく、一旦緩急の際にはジェントルマン層が士官となって義勇軍を率いて戦う伝統があった。だから南北戦争では戦いのアマチュアが互いにぶつかり合い、四年の長期間、試行錯誤を重ねたという感が強い。

一方、プロイセン軍は、参謀本部という常設軍事研究組織を持ち、平時から戦争に備えて研究と準備を重ねている。これを率いるモルトケは大戦略家だ。敵の弱点と自軍の運用方法を知り尽くしている。

戦争のプロとしてきわめて短期間で相手に止めを刺して決着をつけてしまう。モルトケの使った秘密の匕首《あいくち》は鉄道だった。

モルトケの後、ドイツ軍の戦略に大きな影響を及ぼしたのは、シュリーフェン伯爵（一八三三〜一九一三）である。シュリーフェンの見解もドイツ参謀本部の伝統的見解が基本にあった。すなわち、強大な陸軍国に包囲され、守りに役立つ天然の要害もなく、多正面作戦を考えざるを得ない、ということだった。ドイツの国力は長期戦に耐えられぬ。東部のロシアにせよ、西部のフランスにせよ、ドイツと同等以上の兵力を有し、ドイツ以上に長期戦に耐え得る持久力を持っている。

シュリーフェンの戦略は、まず疾風迅雷全力をあげて最強敵のフランス軍を六週間以内に撃滅し、返す刀でその全兵力を急遽東部戦線へ移動させ、動員の遅いロシア軍を打破する、というものだった。全兵力をあげて西部戦線に投入するのであるから、その間ロシア軍がポーランドから東プロイセンに進入してもやむなしとする、肉を切らせて骨を断つ作戦である。この作戦の成否は、兵力の東西間の迅速な移動にかかっていた。

モルトケは、鉄道地図を基礎として戦略を立てた。戦争の成否のカギは鉄道と考えたから、鉄道を軍の支配下におき、各路線には参謀将校一人を配置していた。鉄道路線の新設や改廃には参謀本部の許可が必要だった。毎年、鉄道を使用する動員演習が行われた。陸軍大学卒業生中、最も優秀と見なされた者を鉄道関連の参謀に任命した。

シュリーフェン・プランの成否は、鉄道の整備と正確化とともに、軍の編成の機敏さにも関わっていた。そのために正確無比の体制をとった。動員令が発令されると二〇〇万人が招集される。指定された兵站部に行き、軍服・兵器などを受け取り、中隊を編成する。中隊が集められ大隊となる。さらに騎兵隊・砲兵隊・医務隊・輜重《しちょう》隊・通信隊がつけ加えられ、予定の列車時刻表により国境近くの集結地点へ輸送される。ここで師団が編成され、二個師団による軍団が形成され戦闘体制に入る。

一個軍団の編成とその輸送のためには、六〇〇〇両の車両（軍用列車一四〇本）が必要だった。当時のドイツ軍は四〇個軍団の兵力であったから、五六〇〇本の軍用列車が必要だった。

この五六〇〇本の軍用列車をどう効率的に運用するかが、列車運用担当参謀の腕の振るいどころであった。

危うさが潜む列車活用の軍略

国力、兵力ともに自軍と同等以上の二国相手の作戦計画であるから、シュリーフェン・プランには綱渡り的な危うさがあった。どこかで小さな齟齬が生じると、それが原因で雪崩となり、全体の計画に及ぶ恐れかおる。

シュリーフェンのモットーは、「大胆かつ大胆なれ」であった。しかし、シュリーフェンがこのような大胆なプランが立てられたのは、モルトケ以来のドイツ参謀本部主導による鉄道網の整備と、その運用技術の確立があったことはいうまでもない。

後にヒトラーが縦横に走るアウトバーンを建設し、自動車産業の育成に狂奔《きょうほん》したのも、その根底にはグロルマン、モルトケ、シュリーフェン以来のドイツの戦略があったからである。

このような精緻をきわめた運輸システムに慣れたドイツ軍参謀は後に第二次大戦で大きな誤算にぶつかった。ドイツ国内では可能であっても、ロシア領に深く攻め入ると、まったくダメだった。鉄道も道路も整備されていない。雨が降ると泥の海。冬は雪だ。トラックは使えない。ドイツ軍は弾薬・食糧・燃料の輸送に苦しみ抜き、これが原因で敗れるのである。

日本陸軍将校で軍事作戦における鉄道機能を重視するドイツに留学して、鉄道と軍事作戦との関連を深く学んだのは、輜重《しちょう》兵科の大沢界雄だった。

日露戦争中、大沢大佐は鉄道関連業務について陸軍の発言力を高めることに尽力し、膨大な人馬、軍需品の鉄道輸送に才能を発揮した。その一つは、一日あたり十数本の軍用列車を広島の宇品港まで集中運転するシステムを作ったことだ。大沢は、もともと輜重科ではなかったが、陸軍大学在学中にロジスティクス関連の重要性を知り、希望して当時低く見られていた輜重科へ転科した。

日露戦争勝利の陰の立役者である。

2 鉄道と日本参謀本部——シベリア鉄道と日露戦争

◆シベリア鉄道が完成する以前は、ロシアから極東までのロジスティクス線は英国が制海権を持つ海路だけだった。このためロシアはシベリア鉄道を建設し、陸路、極東への輸送路を確保した。

◆日本の参謀本部は、計画段階からロシアの動きを追っていた。十分に鉄道の軍事的な力を認め、建設中から輸送

能力を的確に把握しつづけた。

一九世紀末から二〇世紀初頭にかけて、鉄道関係でシベリア鉄道ほど国際的な話題と影響を与えたものはなかった。一九世紀から二〇世紀にかけてロシアの東方への進出と、暖かい凍らぬ海を求めての南下政策を知らぬ者はいなかった。

幕末以降近年にいたるまで、日本の為政者の念頭につねにあった恐怖は、北方の領土欲に飢えたヒグマのようなロシアだった。

とくに、国際政治が直截的な弱肉強食時代の明治期においては、ロシアの露骨・直接的・性急な領土拡大政策を知っている日本の政府も国民もロシアの東方政策に一喜一憂した。

ウラジオストクまで海路で三ヵ月

ロシアは弱体化していた清国に迫って、愛琿《あいぐん》条約（一八五八年）により黒龍江（アムール川）以北をロシア領とし、北京条約（一八六〇年）により日本海沿岸の沿海州をも領有した。沿海州領有の一三年後の一八七三年、ウラジオストクを東方経営のための軍事拠点として開港した。当時のロシア領極東シベリアは工業製品はもちろん、食糧から燃料の石炭までヨーロッパ本国からの輸送にたよっていた。そうして、その主要補給品は黒海のオデッサから海路ウラジオストクに運ばれ、ここから陸路で内陸部へ送られていた。海路は三ヵ月を要し、この海上ルートは東洋政策でロシアと対立している英国の制海権下にある。対英関係が悪化すればこのルートは瞬時にストップする。

ロシアがヨーロッパ本国と極東シベリア間を鉄道で結ぼうと考えるのは自然な考えであった。

シベリア鉄道完成時期が日本の戦略を左右

シベリア鉄道建設に最も神経をとがらせたのは日本の陸軍参謀本部だった。シベリア鉄道が完成すれば、ロシアは誰はばかることなく、思うがままに大量の兵員・食糧・軍需品を極東に送ることができ、ロシアの勢力が満州（中国東北部）、さらには朝鮮へと南下してくることは火を見るより明らかだった。川上操六参謀次長は、当時のロシア関連情報収集の中心拠点であったベルリン大使館駐在武官福島安正少佐にもロシアの意図を探るよう命じていた。福島少佐の報告では、ロシアはすでに一八八八年時点でシベリア鉄道建設の意図を固めていた。問題は、その建設資金である。ロシアは、東洋政策で英国と対立していたためフランスから外資の導入をはかり、結局五〇〇〇万フランの調達が可能となった時点で、一八九一年一月シベリア鉄道の建設を発表した。

シベリア鉄道は、西と東から同時に着工されることとなり、東はウラジオストクでこの年五月、ニコライ皇太子臨席の下に起工式が開かれた。ニコライ皇太子はこの時日本を訪問し、日本の一巡査に切りつけられるという事件（大津事件）を起こしている。この時の日本政府の狼狽ぶりは、たいへんなものだった。これを口実に、ロシアがどんな難題を押しつけてくるか分からないためだった。

参謀本部の関心は、その完成の時期となった。この完成の時期がいつかにより対露軍事戦略が大きく変わるからだ。ロジスティクス力が戦略を規定することは、シベリア鉄道とロシア極東軍戦略との間ほど明快なものはなかった。これは太平洋戦争の終結時点までまったく変わらない真実だった。

川上次長は、ロシアの南下政策から考えて将来の日露の衝突は不可避と考えた。

参謀本部は、あらゆる努力を払ってシベリア鉄道建設の進捗状況を知ろうとした。

ベルリン駐在の福島少佐に命じて、シベリア鉄道建設予定地方を通っての帰国を命じる。シベリア鉄道の建設状況把握と同時に、シベリアの地理・風土・兵力配置・交通状況・ロシアの異民族統治状況など将来の対露戦の情報収集であったことはもちろんだ。

福島少佐は単騎で一八九二年二月ベルリンを出発し、ポーランド経由、ペテルブルグ、モスクワを通り、六月にはウラル山脈を越えた。以降、シベリア大陸を車行。バイカル湖近くで越年、ブラゴベシチェンスクから満州に入り、チチハル、吉林経由でウラジオストクに到着したのは一八九三年六月であった。福島少佐は情報将校として、日清戦争以前には清国・朝鮮へ潜入視察旅行して、対清戦争のための情報を収集し、その後はビルマ・インド方面へ英国の東方政策を知るために旅行している。

ヨーロッパ駐在時は、バルカン方面も旅行し、数カ国語に通じる根っからの情報参謀将校だった。日露戦争では、大山総司令官の情報主任参謀（少将）として活躍した。

ロシアの実力者は鉄道の専門家

当時、ロシア政府の実力者は蔵相のウィッテだった。ウィッテは、オデッサ鉄道の運営に参加して力量を認められ運輸大臣に就任するなど、鉄道の専門家といってよかった。ウィッテは、シベリア鉄道の完遂に情熱を燃やした。

一八九六年、ウィッテはニコライ皇太子の即位式（ニコライ二世となる）にモスクワを訪れた清国の実力者、李鴻章に諮《はか》って、北満州横断鉄道（東清鉄道）の建設を認めさせた。黒龍江の北岸を大きく湾曲してウラジオストクにいたる鉄道が、チタ方面より北満州を横切って直線的にウラジオストクにいたることになった（満州里より綏芬河《すいふんが》まで）。一八九八年、東清鉄道の中間点である北満州のハルビンから西と東に向かって東清鉄道敷設の工事が始まった。

一八九七年末、長崎に停泊中のロシア東洋艦隊が突如、黄海に向け出航し、遼東半島先端の旅順を占領した。そして翌年三月、清国に迫って旅順（軍港）と大連（商港）を割譲させる。ウラジオストクは冬期に凍るが、この両港を得ることによりロシアは太平洋へ出る不凍港を獲得したわけである。

そして、ロシアは東清鉄道本線のハルビンから旅順・大連にいたる東清鉄道南満支線の建設を清国に強要し認めさせた。これが完成すればロシアのロジスティクス線がモスクワから旅順軍港まで直結することになる。

シベリア鉄道や東清鉄道の進捗状況に神経をとがらす参謀本部は石光真清大尉にその探察を命じた。石光大尉は菊地正三と名乗りシベリア鉄道アムール線の建設拠点ブラゴベシチェンスクと、東清鉄道建設拠点のハルビンに潜入してその進捗状況を探った。石光大尉は、次のような実感を持った。

「東へ東へとピョートル大帝の意図は、レールになり枕木になり、果ては軍馬となり弾薬となって流れていた」。

ピョートル大帝は、一八世紀はじめロシアのヨーロッパ化を精力的にすすめ、ロシアの東方進出に熱心だった皇帝である。

三五師団を支える能力を持つ

東清鉄道南満支線は、一九〇三年一月に完成。モスクワから旅順まで二週間で到着するロジスティクス線が完備した。次に日本の参謀本部が関心を持ったのは、その輸送能力だった。一九〇二年、ペテルブルグ駐在武官補佐だった田中義一少佐（後、首相）は完成直後のシベリア鉄道を利用して帰国の途についた。その目的はシベリア鉄道の輸送力の調査把握だった。主要な駅ではかならず下車し、引込み線の有無、給水、燃料・補修関係、兵舎の兵員宿泊能力などをさりげなく調べる。大河の近くの駅でも下車して町をぶらつき、波止場の規模や施設を見て運輸能力を推測する。

参謀本部は、福島中佐（シベリア横断中に中佐昇進）の報告や石光大尉からの情報で、シベリア鉄道・東清鉄道・南満支線の進捗状況を正確に掴んでいた。また、その輸送能力については、田中少佐の報告等から次のような判断を下した。

一列車は二〇両編成。貨車一両の搭載量一七トン弱。したがって、一列車の輸送能力三三〇トン。

一日の運行数は一六列車。うち軍隊と軍需品のため少なくとも七列車を使うとすれば、残りの九列車で食糧・衛生材料・石炭などを運ぶ。食糧・石炭などは、一個師団の消費量が一日一〇〇トンと考えられる。とすれば、シベリア鉄道のロジスティクス力で養い得る兵力は、二五個師団となる。所要食糧の三分の一を現地調達すれば、さらに九個師団の増加が可能となり、養い得るロシア軍の最大可能兵力は三五個師団規模であろう。

以上は当時の現状である単線での推測であり、複線化か進むにつれ、その輸送力は増える。

当時、参謀本部の主戦論の中心は総務部長の井口省吾少将や第一部長の松川敏胤大佐等で早期開戦論である。その理由は、シベリア鉄道や東清鉄道が単線であるうちなら何とかなるが、複線化して輸送力が増えれば勝ち目がなくなる、という焦りからであった。

日露戦争が始まると満州軍総司令部が編成され、満州に渡る。総司令官は大山巌元帥、総参謀長は児玉源太郎大将。情報主任参謀は、福島安正少将である。情報参謀は、主任の福島と田中国重少佐の二人だ。福島が情報活動に使った人物の一人に後に有名となった張作霖がいる。

日本の参謀は鉄橋破壊を指示

福島参謀は、ロシア軍後方の東清鉄道を破壊しロシア軍のロジスティクスを攪乱《かくらん》するための部隊を編成した。永沼秀文中佐指揮の二個騎兵中隊からなる永沼挺身隊は、奉天・長春間の東清鉄道の鉄橋一ヵ所を爆破、その他三ヵ所の鉄道を破壊した。このため、奉天付近のロシアの大軍は後方補給の道を失い、また退路を断たれたことで戦意を喪失した。山中峯太郎の小説『敵中横断三百里』で有名になった建川美次中尉の率いる挺進騎兵斥候隊の活躍は、ロシア軍後方の兵力や鉄道輸送状況の情報収集活動だった。

日露戦争終結後も、ロシアの復讐戦を恐れた参謀本部はシベリア鉄道への監視を怠らなかった。シベリア鉄道がロシア軍補給の大動脈路であったからだ。参謀本部ロシア課の重要情報目標は、シベリア鉄道関連の情報だった。その後も極東シベリアは経済的に独立できない状況が続いている。太平洋戦争直前になっても、機械類はもちろん、石炭・石油・穀物は西シベリアやヨーロッパにたよっていた。

参謀本部は一九三七年にシベリア鉄道により極東シベリアへ送られた物資は、石炭一二〇万トン、石油五〇万トン、木材一〇万トン、穀物八〇万トン、金属（主として鉄鋼）二〇万トンと見積もっていた。東行列車（一列車平均二〇～二五両、一車両の平均積載量一五トン前後）は、物資が満載されているが、西行列車は空車が多く、空車率は三〇パーセントと見られた。

関東軍と参謀本部はシベリア鉄道の旅客・貨物・燃料・軍需品など各種輸送の実態を長期間にわたって綿密に調査しつづけた。鉄道の勾配《こうばい》、信号設備、鉄橋やトンネル、主要駅の引込み線、給水施設、貯炭状況などを、しらみつぶしに調べ上げていた。また、極寒の地ということも考えて、冬期の運転状況と夏の状況の差も調査した。モスクワへ赴任ないし帰国する武官は、鉄道の専門家とペアを組んで列車に乗り込んだ。その前に、シベリア鉄道沿線の地形の概要・鉄道施設・軍事施設の状況を頭にたたき込んでおくことは、もちろんである。

いざという時に、シベリア鉄道を破壊するのに最も有力な地点と考えられたハバロフスク西のアムール川大鉄橋や、バイカル湖南端の狭い断崖地域の状況も注意して頭に入れた。

このような詳細な分析の結果、一九四四年の時点で参謀本部はシベリア鉄道の輸送力を最大一日五四列車（冬期五一列車）のうち、軍用に充当できる列車数は三九列車（冬期三六列車）と判断していた。一列車の積載量は平均六八〇トンと考えられた。

また、ソ連軍の兵員や装備の詳しい分析から、平均必要補給量（戦闘期間と戦闘休止期間を込みに考えて）を狙撃一個師団一日あたり、二九五トン（食糧四〇トン、燃料一一〇トン、弾薬五〇トン、他九五トン）と推測した。

このような計算から、シベリア鉄道による補給でソ連軍狙撃師団六〇個師団を養い得る、と考えていた。

第二次大戦まで続く軍事的役割

太平洋戦争末期、参謀本部はソ連が対日戦に入るかどうか、入るとすればいつか、の判断に苦しんでいた。ソ連軍の意図は、シベリア鉄道の運輸状況で判断するしかなかった。

シベリア鉄道での軍需品の動きを知るため、参謀本部はあらゆる努力を払った。

一九四四年一二月、対独戦の勝利が確実となり、翌年二月のヤルタ会談でスターリンがルーズベルトやチャーチルに対日戦参入を明言した頃から、軍需品を満載したシベリア行きの列車が目立つようになった。

ソ連は西部戦線の兵力を対日戦に向けてシベリア方面へ移動させはじめたのである。

一九四四年一二月から翌年四月までに、迫撃砲四六四〇門、火砲二二〇〇門、砲弾三二〇万発がシベリア鉄道で極東へ送られた。ドイツが降服した五月からは、西部戦線の第五、第三九、第五三の各軍が九〇〇〇〜一万二〇〇〇キロ離れた極東へ五六日間かけ、それぞれ一二〇本の軍用列車により輸送された。ソ連軍は、秘匿に全力を上げ極東地域には夜間に到着するなどの手段をとったが、参謀本部はこれらの情報を掴んでおり、シベリア鉄道によるソ連軍の動きから、ソ連の対日戦参入は必至と考えるようになった。

戦後のソ連軍の発表によると、当時は四月以降に軍が使用した列車は一六九二列車であった。七月にはピークに達し、この月で六七六列車が軍用に運用された。このような軍用列車の動きから、参謀本部はソ連軍の対日参戦時期を遅くとも九月と判断したが、これがきわめて正確であったことは歴史が証明している。

3 鉄道に見る国家意思——軌道の幅に表れた国家の意思。一貫輸送力が影響力の範囲を決める

◆水運中心であった内陸輸送は鉄道の出現で革命的に変わった。蒸気機関車を発明した英国と陸軍国のドイツ、ロシアは鉄道の力をいち早く認識した。

◆英国、ドイツは鉄道の軌道幅（ゲージ）を標準軌にしたが、ドイツの支配を恐れたロシアは、広軌を採用した。一方、進出先の極東でロシアは、日本と軌道幅をめぐって長期の争いをくり広げた。

一八二五年九月、スチーブンソンの造った蒸気機関車が英国のストックトンとダーリントンの間を走った。人や貨物の輸送を目的とした鉄道が開通したのは、その五年後で、マンチェスター・リバプール間であった。

さらに五年後には、ベルギーとドイツで鉄道が開通し、その後、続々と鉄道が建設されはじめた。一八六九年には、北米の大陸横断鉄道が完成。さらに一八八五年には、カナダの大陸横断鉄道が完成した。日本で初めて新橋・横浜間に鉄道が完成したのは一八七二年一〇月。シベリア鉄道の工事が始まったのは一八九一年だ。

それまで、世界のどの国においても大量の物資の輸送は海や河川、運河などによる水運であった。

船が圧倒的に有利であったからだ。

江戸時代、京都の伏見と大坂の天満橋間には三〇石船が行き来していた。この船だと、船頭二人で米三〇石が楽に運べた。これが馬だとどうなるか。一頭に四斗俵二俵（〇・八石)を乗せるとすると三〇石運ぶのに三八頭の馬と三八人の馬子がいる。三八人の馬子の手当てと馬一日の飼料(一日一頭あたり、大麦六キロ、干草六キロ）を考えれば、コストの面では問題にならないくらい船の方が有利だ。

しかし、内陸部で河川や運河のない場所では馬にたよらざるを得なかった。これが鉄道の出現で、内陸部の輸送に革命が起こった。この鉄道の持つ意味を深く予見し、理解していた人物が先に紹介したように、ドイツではモルトケであり、ロシアではシベリア鉄道建設時の大蔵大臣だったウィッテである。もちろん、鉄道は経済的・軍事的意味だけでなく、さらには文化の伝播路としての意味も持っており、国家方針や国家利害と大きく関わっていた。

歴史家は交通の重要性をあまり指摘してこなかった。戦争や華やかな文化にスポットライトをあて、産業や生産物の分析には熱心であったが、文化や産業や戦争の基本を支える交通に関しては冷淡であった。

東洋史学者の宮崎市定は次のようにいっている。

「歴史に及ぼす交通の重要性は、従来あまりに蔑視されすぎた観がある。歴史地図を見ても、殆ど無意味だと思われる所でも国境線が描かれ、彩色で塗り分けられているにも拘らず、交通線を除外しては歴史地図から歴史的意義は読みとれない」。

萬里長城がなぜ不必要と思われるまで中国本土から遠く離れた西域まで伸びているのか。長城の西端の南側には守るべき漢民族はほとんどいない。

この周辺が中国本土より西方への交通の大幹線であるがゆえに、この交通路を守るために、英里長城は遠くはるかな西方にまで伸びているのだ、と宮崎教授は指摘する。

宋代にこの交通路に西夏という国が現れ、宋との間に激しい戦闘がくり返された。

超大国の宋が小国の西夏と真剣に事を構えたのは、交通路の遮断を宋が恐れたからであった。当時、西蔵や雲南の大理国などという大国があったが、宋はあまり気にしなかった。重要な交通路を害する存在ではなかったからである。

人類の文化・産業は交通路によって発達した。近代において陸上交通の主力は鉄道となった。国際間の対立には鉄道が深く関わるようになった。

鉄道が戦争の原因にも

ロシアにシベリア鉄道建設を決意させたのは、一八八五年のカナダ大陸横断鉄道の完成であったといわれる。この完成によって、英国は各国の利害が複雑に交錯する中近東や東南アジア方面を通らずに、大西洋・カナダ・太平洋を経由して極東に進出するルートができ、ロシアを焦らせた。

そして、シベリア鉄道の建設は英国をいら立たせた。ロンドンから極東までは、当時船で三ヵ月を要したが、シベリア鉄道が完成すれば、モスクワから極東まで二週間となる。

第一次大戦勃発の原因の一つは、鉄道であった。英国の三C政策（カイロ―ケープタウン―カルカッタ）とドイツの三B政策（ベルリン―ビザンチウム―バグダッド）の対立である。英国は、アフリカ縦断政策とインドの直轄領化によってインド洋を英国の内海化しようとしていたが、ドイツのバグダッド鉄道建設による中近東進出が英国のインド航路に脅威を与えたのである。

鉄道に対する各国の意図が端的に表れたのはゲージ（軌道幅）である。現在の標準ゲージは、四フィート八インチ半（一四三五ミリ）。英国では、各地で建設された鉄道に各種のゲージがあったが、その後の鉄道会社の吸収合併に応じて、一番多かった四フィート八インチ半に統合化されていったのである。

ロシアはドイツの支配を恐れ、軌道幅を変える

これが、ヨーロッパや北米でも標準ゲージとなっていったが、ロシアだけは標準ゲージをとらず五フィートとした。標準軌にすれば、ドイツからの鉄道が直接ロシア国内を縦横に走る、つまり、ロシアがドイツのロジスティクス力の影響下におかれる恐れがあった。五フィートにしたのは、これを防ぐためであったといわれている。

幕末の日本人も、蒸気機関車のことはもちろんオランダの科学技術書で知っていた。一八五四年のペリー再来航時に

汽車の模型を見たし、同年のプチャーチン率いるロシア艦隊来航時にも汽車の模型を見た。

明治政府が鉄道を国家的事業と考えたのは、新橋・横浜間の鉄道開通時に明治天皇がご出席になり、日比谷の練兵場で砲兵による一〇一発の祝砲が発射され、品川沖に碇泊《ていはく》中の軍艦から二一発の祝砲があったことでも分かろう。

新政府の鉄道建設は、民部大輔兼大蔵大輔の大隈重信が指揮し、実際の指導はお雇い技師の英人エドモンド・モレル（当時二八歳）があたった。日本人のスタッフは、長崎海軍伝習所出身者が多かった。長崎海軍伝習所は、航海術・測量法・数学・蒸気機関工学等、工学技術の教育機関でもあった。幕末期から明治初期にかけて、海軍は西洋式科学技術の日本への移入・修得機関でもあった。日本人スタッフの技師長格は、小野友五郎。小野は幕府天文方の算術担当役人から長崎海軍伝習所に第一期生として派遣された。幕末に日米修好通商条約批准書交換のための遣米使節団の咸臨丸航海長、さらに軍艦購入のための幕府の正使として二度渡米した経験がある。もちろん、米国やパナマ地峡で汽車を実見している。

日本の鉄道ゲージは、なぜ三フィート六インチ（一〇六七ミリ）になったのか。大隈の回顧談によれば、モレルからゲージをどうするか問われた大隈は、

「元来が貧乏な国であるから軌幅（ゲージ）は狭い方がよろしかろう。世界にソンナのがあるかと聞いたら豪州に昨年出来たばかりで中々評判がよろしいと言う。ソンナラ豪州のものにならって作ったらよろしかろう。それで決まった」。

当時、オーストラリアの一部やニュージーランド、セイロン、南アフリカでは三フィート六インチのゲージを採用していたようだ。

世界各地（とくに西欧列強の植民地）では各種のゲージが混在していたが、やがて標準軌に統合化されていった。

軌幅を変えて分割統治

しかし、英国の宝庫といわれたインドでは、広軌・標準軌・狭軌が混在し、統一されることはまったくなかった。英国人はローマ人の知恵に学んだ分割統治手法によって、少数の英国人で広大なインドを統治しようとした。インドの人種間・民族間・身分制度間・宗教間・文化間の対立を巧みに煽って、インド国民のエネルギーを部族間・身分制度間・宗教間等の紛争に消耗させ、反英エネルギーを結集させないよ

うにしたことは周知の事実である。軌幅の分割もその思惑の表れだった。

一九世紀末から二〇世紀初頭にかけて、満州と朝鮮は日露間の勢力が激しく競い合う地域であった。それは鉄道によく表れていた。

山県有朋首相は、一八九〇年(明治二三年)のわが国最初の帝国議会において、国家の独立を保持し、国勢を伸長するためには「主導線」と「利益線」を確保しなければならないとし、わが国の「利益線の焦点」は朝鮮であるとした。また、日清戦争に勝利し朝鮮から清国の勢力を一掃した直後の一八九四年(明治二七年)には次のような意見書を天皇に捧呈した。

すなわち、まず第一に、平壌以北に日本人移民を送って、朝鮮への清国の影響を絶つ。第二に、釜山から京城を経由して義州まで鉄道を敷設する。朝鮮において「輸送交通の権」を掌握して、いったん東洋に事あればこれを利用できるようにする。「釜山、義州の道路は即ち東亜大陸に通ずる大道」であり、将来は「支那を横断して直ちに印度に達する道路」である。

山県は、日清講和の下関条約調印の直後、参謀本部の川上操六次長に、大連から金州までの鉄道敷設にただちに着手すべきで、これは将来中国・インドに接続すべきものであるから、標準軌にすべきとした。

山県の朝鮮縦断鉄道の構想は、京釜鉄道、京義鉄道の構想となって実現化へと進むが、資金・建設技術等で韓日米露仏間での対立・暗躍があり、ゲージも標準・狭・広と二転、三転した。ロシアは五フィートの広軌を韓国側に申し入れた。京義鉄道は韓国側は狭軌案だったのを、日本の抗議により標準に改めた。結局、京釜・京義の両鉄道は標準軌で統一された。

支配が変わるごとに軌幅も変わる

三国干渉によって日本領となるべき遼東半島を清国へ返還させた代償として、ロシアは満州北部を横断する東清鉄道の敷設権を得、さらに東清鉄道の中間点ハルビンから、その後強奪した旅順・大連までの東清鉄道南満支線の施設権も得た。いずれも五フィート・ゲージである。

日露戦争が勃発すると、日本軍は鉄道提理部(部長は竹内徹工兵中佐)を編成して戦場へ派遣した。日本軍の北上にともない南満支線を五フィートから三フィート六インチに改修するためだった。日本国内の機関車・貨車などをそのまま利用するためである。

日露戦争の終結により南満支線のうち、長春以南は日本に割譲され、後に設立させる南満州鉄道株式会社（満鉄）が運営するようになり、この鉄道は、四フィート八インチ半の標準軌にふたたび改築される。

しかし、東清鉄道本線とハルビン以南長春までの南満支線はロシア側の管理で五フィートの広軌だ。改修のための資金は戦争で資金が枯渇している日本にはできぬ相談だった。第一次、第二次に分けロンドンで社債を募り資金調達した。

ロシアの東清鉄道建設の資金はフランス金融資本にたよった。これは、いわば満州の地において鉄道という舞台でのロシア・フランスと日本・英国の勢力争いといってもよく、それは、ロシア鉄道を象徴する五フィート・ゲージと日本や英国の鉄道を象徴する三フィート六インチ、四フィート八インチ半の戦いといってもよかった。鉄道は国家利害の象徴であった。日露戦争後、満州各地の鉄道復旧や鉄道の買収に米国資本が動く動向があった。米国政府も満州の鉄道の中立化案を持っていた。米国も満州進出を狙っていたのだ。日本が米国のこれらの動きを拒否したことが米国の日本敵視政策への転換のきっかけとなった、と見る人もいる。

満鉄保護のために独立守備隊六個大隊と、二年ごとに交替して内地から派遣される駐留一個師団の計約一万人による関東軍が編成された。満鉄と関東軍はロシアの南下に備え、この地での日本勢力の拡大のため欠くべからざる存在となった。

一九三一年九月に勃発した満州事変での関東軍の迅速な動きを支えたのは満鉄経営の鉄道路線だった。しかし、満州北部での作戦にはソ連の経営する東清鉄道（東支鉄道）を利用するしかない。長春以来ハルビンまでと、満州北部を東西に満州里、ハルビン、綏芬河《すいふんが》にいたる東清鉄道を運営する東清鉄道管理局長クズネツォフに大橋ハルビン総領事は日本軍への軍事列車運用を高飛車に要求した。クズネツォフは応諾する。この時のクズネツォフの態度から満州事変の立案者石原莞爾中佐は、

「ソ連は満州事変に手を出さない」

と判断した。

満州事変勃発の翌年、満州国が建国され、清朝最後の皇帝宣統帝（一九〇八～一九一二年）溥儀《ふぎ》が清朝の父祖の地、満州にとどまって満州国の執政（後皇帝）となる。

満州国の成立により、北部満州まで日本軍の勢力化に入ったことを重く見たソ連は、北部満州からの撤退と東清鉄道の売却を考えるようになった。この年、広田弘毅駐ソ大使はソ

連に東清鉄道譲渡を申し入れ、翌一九三三年五月、ソ連側も売却を正式に提案してきた。

ソ連から東清鉄道を買収

交渉の窓口は外務省だが、満州に関連しては陸軍省の発言力が絶大である。時の軍務局長永田鉄山少将は東清鉄道買収問題をリードしたが、その内容は次のようなものだった。

・買収費一億四〇〇〇万円
・従業員への退職金三〇〇〇万円
・買収費の対ソ支払は工業製品などの現物で行う

一九三五年三月二三日、ほぼ永田案で交渉はまとまり、東清鉄道は満州国に売却され、即日満鉄にその運営が委託された。満鉄はただちにゲージを五フィートから四フィート八インチ半への改修を始め、一九三七年六月には満州の鉄道はすべて標準軌となった。

一九三九年のノモンハン事件でソ連は、この事変からの戦訓を真面目に学ぼうとした。シベリア鉄道のボルジャ駅からノモンハンまで七五〇キロ（東京―岡山間くらい）。ノモンハン事件でソ連軍は、四〇〇〇両を超すトラックやタンク車を使って、往復五日間の距離を五万五〇〇〇トンの物資を運んだ。鉄道があれば五〇〇トン積載の列車を一日一〇本運用すれば往復三日間で一一日運送すればすむ。ソ連は一九四一年六月、ボルジャから蒙古のチョイバルサン間の鉄道を完成させ、ここから東南のタムスクまで軽便鉄道を敷設した。

また、中部モンゴル方面での有事も考え、バイカル湖東のウラン・ウデからモンゴルの首都ウランバートルまでの鉄道を一九五〇年末に完成させ、さらにここから南下して中国の国境の町、二連を経由、集寧に到る鉄道を一九五五年に完成させた。ゲージはシベリア鉄道と同じ五フィートである。その後、中ソ関係の悪化により、中国側は中国国内の二連・集寧間を自国鉄道ゲージの四フィート八インチ半に一九六〇年代半ばに改修した。

ゲージは国家の意思の表れ、ということを如実に示した一例である。

4 マハンの『海上権力史論』に見る歴史観

◆歴史家は陸上の戦争や活動に注目したが、アルフレッド・T・マハンは海上の動きを見た。
◆ローマとカルタゴが戦ったポエニ戦役でハンニバルが象をつれてアルプス越えした故事に疑問を持ったことから制海権の重要さに気づき、名著『海上権力史論』を著した。

米国のアルフレッド・T・マハン（一八四〇〜一九一四年）は、海上ロジスティクスに関して現在にいたるまで大きな影響を及ぼしつづけている戦略思想家である。マハンの思想に共鳴したセオドア・ルーズベルト大統領は三流海軍国だった米国を一流にするため海軍の大増強に邁進《まいしん》した。

マハンの考えを一口でいうならば、

「海を制する者が世界の富と力を制する」

ということだった。マハンの思想に強い影響を受けたソ連海軍のゴルシコフ元帥の著作『ソ連海軍戦略』にも海上ロジスティクスの重要性を指摘する明快な記述が多い。簡単に要約すると、次のような指摘である。

①地球表面の七〇パーセントは、海ないし大洋である。このことを考えると、大陸といってもしょせんは大きな島だ。
②海洋は古来より、経済的に最も有利な交通路であった。平面で、風にさえうまく乗れば世界の各地に容易に行ける。
③海洋は食糧資源（漁業）の涸れることのない供給源だ。将来は海洋から莫大なエネルギーや工業原料が得られるだろう。
④海洋での諸活動（運輸、漁業、軍事、資源探索等）はつねにその時代の科学技術や産業水準と不可欠に結びついてきた。
⑤文明や国の盛衰はつねに海と大きく関わってきた。現在、世界の一〇大都市のうち、七つまでが海または大洋に臨んでいる。

南北戦争の経験が出発点

マハンは兵学校卒業の直後に南北戦争に参戦し、南部の海上封鎖作戦に従事した。戦争とは、敵の海上交通線を切断して経済的に相手を苦しめ屈服を強要することだ、ということを自分の体験からもよく知っていた。

南北戦争後、二六歳のマハン少佐は軍艦イロコイ号の副長としてニューヨーク港を出港して、南アフリカ、インド、シンガポール経由で日本に赴いた。長崎、兵庫（神戸）、大坂、新潟、函館、横浜と二年半にわたって日本に滞在した。鳥羽伏見の戦の時は、大坂沖に停泊しており、敗れた徳川慶喜が少数の近臣とともに深夜イロコイ号に逃げ込んできた。

帰途は一米市民として商船でインドに行き、インド大陸を横断し、開通直後のスエズ運河を通って地中海に出て、仏・英経由で帰国した。この日本への赴任と帰国による世界一周の旅で、青年マハンの心に焼きついたのは、海上航通路の要所がすべて英領となっていること、強力な海軍力に保護された英商船の活躍、英商船による世界各地の産物の流通によって莫大な富が英本土にもたらされていることだった。

マハンの最初の著述は、南北戦争時のミシシッピー水路攻奪関係のものである。北軍の戦略は、次の二点だった。

①大西洋の交通路を遮断して南部へのヨーロッパからの武器・工業製品の流入を防ぎ、あわせて南部から綿花・砂糖・タバコ・小麦粉のヨーロッパへの輸出を防ぐ。

②南部の大運送ルートであるミシシッピー水系を占領し、南部の輸送網を切断して南部の経済活動をストップさせる。

一介の地味な学問好きの海軍士官に過ぎなかったマハン大佐を一躍世界の著名人にしたのは、一八九〇年に刊行した『海上権力史論』である。

出版してくれるところが見つからず、有力者の援助を願っての自費出版まで考えたが、幸い奇特な出版社が見つかり、出版するとたいへんな評判となった。

セオドア・ルーズベルトは、ただちに読了し「古典にもなるべき本だ」と激賞し、ドイツのウィルムヘルム皇帝は「むさぼるように読み」、ただちにドイツ語へ翻訳させ、これを全ドイツ艦、全ドイツ公立図書館に備えるよう命じた。日本でも翻訳され、海軍大学教官へのマハンの招聘《しょうへい》話が具体化(年俸一万五〇〇〇ドル予算の軍務局長決裁）した。結果的には、マハンが日本の海軍大学の教官となる話は実を結ばなかった。

米国以上の反響があったのが、世界一の大海軍国だった英国だった。ロンドン・タイムズ紙はマハンをコペルニクスにたとえた。コペルニクスは太陽が地球の周りを回っているのではなく、地球が太陽の周りを回っているといった。マハンは陸上の戦争や活動が歴史を動かしてきたのではなく、海上の戦争や活動が歴史を動かしてきたのだと考えた。

ポエニ戦役の考察で開眼

陸上の戦闘で歴史が動いたのではなく、海上での戦闘やロジスティクス力で歴史が動いたのだ、とするマハンの『海上権力史論』に流れる歴史観の発端は、マハン中佐が中南米のオンボロ艦の艦長だったころ、ペルーの首都リマの英国人クラブでドイツ人史家モムセンの『ローマ史』のポエニ戦役のところを読んでいて、「ある考えが電光のように閃いた」のだという。

第二次ポエニ戦役において、名将ハンニバルに率いられたカルタゴ軍が一七年間もローマと戦って勝てなかった原因は、地中海の制海権をローマが握っていたからではないか、という考えである。

ポエニ戦役とは、紀元前二六四年から同一四六年の一一八年間にわたり、新興国ローマと、成熟した通商国家カルタゴとの戦争で、三回の戦役があった。

マハンが疑問に思ったのは、第二次ポエニ戦役の際、名将ハンニバルがなぜ困難で時間のかかる陸路を選んでイタリアに進入したのかということだった。

蛮人の住む森林と沼のガリア（現在のフランス）。急峻な道なき大山塊のピレネーやアルプス。濁流うず巻く大河ポー河。こういった障害を越えなければならない。この行程にハンニバルは四ヵ月を要し、出発時と比べ歩兵は九万が二万、騎兵は一万二〇〇〇が六〇〇〇に激減している。

これは、地中海の制海権が第一次ポエニ戦役の結果、ローマ軍の手にわたっていたからであったと、マハンは考えた。

もし、安全・迅速な海路をハンニバルが持っていたなら、兵力を損なうことなく、天候さえよければ一週間でローマに近い海岸ないし海港に上陸できたであろう。また、本国から海路で十分な食糧などの補給を受けることができれば、ハンニバルは食糧に心配することなく、大胆な戦術がとれ、一気にローマの城壁へと向かうことができただろう。

陸路と比べ、海路の強さは、容易かつ迅速に大量の物資を動かせることだ。

海上ロジスティクス力のなさがカルタゴの敗因であったとの考えがマハンの頭の中で電光のように閃いたのである。

歴史家は、一般に海の事情に暗く、海についての関心も知識も薄いから、海上ロジスティクス力が歴史上決定的な影響を及ぼしてきたことを見過ごしてきた。歴史家は、諸国家の政治・社会・経済を扱ってはいるが、海に関する問題は付随的に触れるだけだった。

海上中心に歴史を書き換える

マハンは、従来の歴史とは異なった海上ロジスティクスを中心とした歴史書の『海上権力史論』を書き、海上ロジスティクスの歴史への影響力を分析しようとした。

第一章は海上ロジスティクス力（マハンは「シーパワー」と呼んだ）の要素の説明に割き、第二章以降は海上ロジスティクスをめぐる英・蘭・仏・西の具体的な通商史・海戦史とした。第一章の要旨は次のようなものだった。

①海洋は陸路と比べ容易かつ安価な一大公路である
②この一大公路を利用する通商保護のために海軍は存在する
③各国は生産によって生産物の交易が必要となり、商船によって交易品は運搬される
④通商には安全な海港が必要不可欠で、その海港は自国の影響下にあることがより安全性を高める
⑤貿易品を独占的に利用できる植民地があれば、生産・海運の規模は大きくなり、富も大きくなる
⑥諸国家の海上ロジスティクスに影響を及ぼす主要条件として、（ア）地理的位置、（イ）地理・地形上の自然的形態（良港の有無）、（ウ）領土の範囲、（エ）住民の数、（オ）国民性、（カ）政府の性格——がある

象徴的なオランダの盛衰

『海上権力史論』に記述されている英・蘭・仏・西の海上ロジスティクスを巡る闘争史の中で、われわれの関心と興味を魅くのはオランダの隆盛と衰亡であろう。

マハンは次のように書いている。

「オランダの繁栄はすべてその貧困が生み出したシーパワーの上に築かれていた。彼等の食糧、衣類、工業用の原材料、彼等の船の建造（彼等は他の欧州全部併せたものとほぼ同数の船を建造した）や艤装《ぎそう》に用いる木材と大麻は輸入されていた」。

オランダのやせた砂地の大地からは農業は興こりにくく、人々は海に食糧を求めざるを得なかった。漁業は太古のむ

かしから海運と貿易を生む。一四世紀の半ばころ塩漬けにして樽に詰めるニシンの長期保存法が発明され、ニシン漁がオランダの富の源泉となった。

漁業は造船業を生み、海運業発展の引き金となった。低湿地帯の短所は運河網の建設を容易にし運輸の効率化をもたらした。

ヨーロッパの大動脈、ライン河の河口にあること、バルト海・北海・地中海通商の地理的中央にあることは、オランダの倉庫業を栄えさせるとともに、通商や倉庫業にともなう金融・保険・商品取引の発展をもたらした。バルト海沿岸からは穀物・木材・タール・ピッチが輸入され、東インド諸島や新大陸からの香料・塩・砂糖・フランス製のワインがその見返りとして輸出された。

バルト海沿岸からの廉価な穀物の輸入はオランダ農業を酪農へと向かわせ、毛織物とともにバターやチーズの大輸出国となった。バルト海沿岸からの木材・タール・ピッチは、ヨーロッパ最大の造船国オランダの造船用資材となった。

このようなオランダの繁栄は、周辺国からの嫉妬を買い、主として英国の海軍力のため海上ロジスティクス線の妨害を受け、徐々にその繁栄を英国に奪われていった。

マハンは、新設の海軍大学校の校長として、この新しい研修・研究機関の充実にエネルギーを注いだ。海軍を退役した後も、米国の国策に関して新聞や雑誌に記事や論文を数多く発表した。その考えの基本は、米国富国化のためのシーパワーの増強だった。

シーパワーとは、軍艦・商船・漁船隊、港湾諸施設、造船・修理施設、これらを動かすマンパワーを含めたものであるが、より具体的には、①海軍力・商船隊の充実強化、②海上交通要衝地の米領化と貯炭所の設置だった。さらに、それを具体化するものとして、マハンは東アジア貿易拡大のため、太平洋を米国の海とする戦略を考えた。そのため次のことがらについて、ペンをとった。

①ハワイ諸島（ハワイ王国領）の米領化
②米西戦争の講和条件としてスペイン領マリアナ諸島のグアム島とフィリピンの割譲
③膨大な人口と広大な土地を持つ清国との貿易の保護海上拠点として、揚子江河口に近い舟山諸島の米領化
①②はマハンの主張どおり実現し、その後の米国のアジア進出の拠点となった。

東海岸から西海岸への海路の短縮のためのパナマ運河の

必要性や、この運河の開通後大動脈路となるカリブ海の要衝地の獲得も、マハンの考える戦略だった。パナマ運河は米主力艦隊を迅速に太平洋岸や大西洋岸に移動させるためには、不可欠の運河だった。

大西洋とインド洋は英国の武力下にある。太平洋が米国の海となれば、世界の大交通路はアングロ・サクソンの影響下のものとなる。これがマハンの窮極の夢だった。

マハンは、二〇世紀を大陸国家スラブと海洋国家チュートン（英米独）の戦いの時代と考え、日本を準チュートン国と見、日露戦争では日本を支持した。しかし、日本がロシアに勝ち太平洋の海軍国として強大化してくると、マハンの日本への目は厳しいものとなり、ライバルと考えるようになった。

カリフォルニアの日本人移民問題にも神経を尖らせた。その後のマハンの論調は、対日強硬論と黄禍論になっていく。マハンは、カリフォルニアへの日本人移民の増大を心配し友人に、

「このままではロッキー山脈より西は日本人のものになってしまう。それくらいなら私は明日にも日本との戦争を選ぶ」

と書いている。

マハンの憂慮は、太平洋岸の米海軍力の弱さだった。ハワイやカリフォルニア沖に日本の戦艦が一隻でも現れれば、米国は何もできなくなる、とマハンは国民に訴えた。その後のカリフォルニアでの日本人移民排斥運動は、日米間に深い影を落とした。

むかしも現在も、海が重要なロジスティクス路であり、このロジスティクス路をめぐっての抗争と興亡を『海上権力史論』はよく示している。とくに海洋国という地理的宿命を持っている日本では随時読み直すべき本であろう。

5　近代日本の戦史と海運

◆日本は江戸期から北前船などにより日常的に海運の力を認識していた。このため、黒船の到来で、ただちに蒸気船の威力を理解できた。
◆明治に入り、海運に着目したのは土佐の岩崎弥太郎。佐賀の乱、西南戦争で政府に保有船を差し出し、地歩を築いた。その後の日清・日露、太平洋戦争などでも船会社の輸送船が海軍力を支えた。

船の有利さの第一は、大量の物資を効率的に運べることだ。江戸後期、日本海沿岸は北前船の往来によって潤った。千石船は、文字どおり千石の米（約一五〇トン）を運ぶ能力がある。船頭（船長）、表《おもて》（航海長）、知工《ちく》（事務長）、親父《おやじ》（水夫長）といった幹部を含め十数人の乗組員が乗り込む。毎年四月、酒・紙・タバコ・木綿・砂糖・古着など上方地方の物資を積んで大坂から瀬戸内海を通って日本海に出て北上する。瀬戸内の海は年中穏やかだ。春から夏にかけての日本海も冬の怒濤が想像できぬくらい静かな海である。

但馬の浜坂（兵庫県）とか能登の福浦（石川県）といった千石船にぴったりの天然の良港も多い。途中の港々でも交易するが、大坂で積み込んだ物資の大半は、新潟・酒田（山形県）・松前（北海道）向けである。古着はこの地方の人々の必需品だった。新潟や酒田では米を積み込む。新潟や酒田には、信濃川や最上川の水運によって内陸部の米が運ばれてくる。松前に着くのは五月下旬くらい。ここでは、北海道の海産物であるニシンからの魚油・しめ粕（魚油の搾りかす）・昆布などを仕入れる。そしてふたたび夏の日本海を沿岸の港々に寄りながら帰り、大坂の淀川河口の港に帰るのは一一月だった。船は陸に揚げて船底に付着した貝や海草を採り、傷んだところの補修をし、冬の間、船員たちは郷里（能登加賀地方が多かった）で正月を過ごす。

北前船が、なぜそれほど栄えたのか。北前船の利益は大きかった。一航海で五〇〇両以上の利益が出た。これは五〇〇石船が新造できる金額だった。千石船だと十数人の船員で千石の米を運べる。動力は風だ。仮にこれを馬で運ぶとするとどうなるか。四斗俵を二俵（〇・八石）馬の背につけるとすると、一二五〇頭の馬がいる。馬子も馬一頭に一人とすると一二五〇人が必要だ。山道をいくつもの峠を越えて行くのだから、海路以上に時間がかかる。内陸部の水運と海運が連結できる大河の河口の港が発展したのは自然だった（大坂・新潟・酒田など）。

黒船を評価し、蒸気船建造へ

鉄道のない時代、大量の物資の輸送は船以外に考えられなかった。海外との交流はもちろん船なくして考えられない。一八五三年（嘉永六年）の米海軍ペリー提督の来航は、明治維新が始まる第一歩であった。もうもうと黒煙を吐いて走る蒸気船が日本人に強烈な印象を与え、当時の日本の指導者層は例外なく蒸気船の必要性を感じた。

幕府は、とりあえず蒸気船は外国から購入することとし、この年には石川島に造船所を建設するとともに、一八六五年（慶応元年）には横須賀にも西洋式の造船所を起工した。

　また、これを運用する人材の養成のため、日米和親条約の翌年一八五五年（安政二年）には長崎海軍伝習所を発足させた。

　この伝習所で学んだ者に、勝麟太郎（海舟）、榎本釜次郎（武揚）、赤松大三郎（則良）、中牟田倉之助、五代友厚、川村純義らがいる。これらの者のうち何人かは咸臨丸（オランダ製）により自力で太平洋を渡り、サンフランシスコの海軍工廠を詳細に見学した。長崎に建設中の造船所の第一期工事が終わったのは一八六一年（文久元年）である。

海運に賭けた岩崎弥太郎

明治維新後の日本の海運業の旗頭の一つは、土佐藩出身の岩崎弥太郎の率いる三菱だった。岩崎は明治の初年、大阪西長堀にあった土佐藩の開成館大阪商会の経営監督にあたっていたが、一八七〇年（明治三年）土佐藩から三隻の汽船を借り九十九《つくも》商会と名乗って海運業を開業した。東京・大阪・高知間の航路である。

　一八七四年（明治七年）、三菱蒸汽船会社と改称した同社が規模を拡大した契機は、戦争だった。一八七四年の佐賀の乱には軍隊輸送に汽船二隻を提供。同年の征台の役（台湾事件）では、政府は軍隊の輸送を米英の船会社に依頼したが、これらの会社は日本・清国間の紛争に不介入の態度をとり、輸送を引き受けなかった。政府は、一三隻の中古船を海外から購入して、これを三菱蒸汽船に貸与して運用させることとした。このため、長崎から三六〇〇人の派遣軍を無事台湾へ輸送することができた。この一八七四年の二つの戦さで、三菱蒸汽船は政府の大久保内務卿や大隈大蔵卿から深い眷顧《けんこ》を受けるようになった。

　翌年には、前述の一三隻の中古船と、経営不振で解散した郵便蒸気船会社の一七隻の汽船が無償で三菱蒸汽船に払い下げられた。運航補助金として年間二五万円か一五年間にわたって支給されることとなり、社名は郵便汽船三菱会社と改名された。この年には週一回航海の横浜・上海間の航路が三菱により開航されるとともに、三菱商船学校が創立された。

　この商船学校は、後に政府に寄贈され、一八八二年（明治一五年）東京商船学校（後の東京高等商船、東京商船大）となった。

　郵便汽船三菱会社は六一隻、三万五四〇〇トンの船舶を持つ最大手の船会社となり、前述の商船学校で人材を養成しつつ、海運と関係の深い荷為替・海上保険・倉庫業も営むようになった。

一八七六年（明治九年）の朝鮮の江華島事件では、三菱は東海丸（一〇四二トン）以下一二隻で、陸軍兵四六〇〇人、海軍兵六〇〇人、馬二〇九頭を対馬へ運んだ。

一八七七年（明治一〇年）の西南戦争の政府軍の勝利の原因には、郵便汽船三菱の大きな働きがあった。三菱は、上海定期航路就航船を除く所有全船舶四四隻を御用船として政府に差し出した。大阪を補給基地として、二月から九月までに五万八〇〇〇人の政府軍を運んだ。三菱には、御用船傭船料三〇〇万円を含め、西南戦争の戦費の三分の一が入った。西郷軍が海上ロジスティクス力を持ち、海外から新式兵器を購入し、船で直接大阪や東京へ、剽悍《ひょうかん》な薩摩武士団を上陸させていればどうなっていたであろうか。

政府は、軍事面だけでなく経済・社会面でも大混乱に陥ったことは間違いあるまい。

三菱の基礎確立に岩崎弥太郎のリーダーシップがあったことはもちろんだ。戦雲が漂うや、競争相手の船会社が逡巡《しゅんじゅん》したり、傍観者的態度を取っている時、敢然と社運を賭して全船舶を政府に差し出す。寄り合い世帯的な経営で小田原評定の競争会社が三菱に敗れていったのはやむを得なかった。

一八七八年（明治一一年）の社規第一条には次のような文言がある。

「当社はしばらく会社の名を命じ、会社の体をなすといえども、その実全く一家（岩崎家）の事業にして、他の資金を募集し結社するものと大いに異なる。故に会社に関する一切のこと……全て社長の特裁を仰ぐべし」。

岩崎家社長が第一線に立ち、三菱の社員は重役といえども岩崎家の使用人的立場にある状態は、その後の三菱の伝統となって第二次大戦終結時まで続いた。

しかし、好事魔多し。三菱がたよるところ多かった大久保利通は一八七八年（明治一一年）馬車で出勤途上、紀尾井坂で暗殺された。また、明治一四年の政変（一八八一年）で大隈重信は下野する。

三菱横暴の声は政府内でも多くなり、政府の援助で三菱に対抗するための共同運輸会社が設立された。

このため、三菱と共同は泥沼の競争となった。死闘の三年間は、両社に大きな打撃を与えた。この間に岩崎弥太郎は死ぬ。日本の海運業の育成に大きな関心を持つ政府は、両社の共倒れを恐れ、結局一八八五年（明治一八年）両社の対等合併（三菱二九隻三万九〇〇〇トン、共同二九隻二万九〇〇〇トン）により日本郵船会社が設立された。対等合併であったが、共同運輸側は株式が分散していたのに対し、三菱側は株式が岩崎家に集中していた。結果として日本郵船は岩崎家の事業ではないにせよ、三菱色の強い会社となった。海運業から手を引いた三菱（岩崎家）は、すでに着手していた石炭業（高島炭鉱を一八八一年買収）と造船業（一八八四年、官営長崎造船所の譲り受け）を中心に事業を広げていく。

二代目社長は弥太郎の弟弥之助（後に日銀総裁）。

一八九四年（明治二七年）の日清戦争においても、日本軍の作戦遂行に海上ロジスティクスは基本的重大事項であった。六月四日、日本郵船の近藤廉平副社長は参謀本部に呼ばれ、川上操六次長より、船舶一〇隻を一週間以内に広島の宇品港に集結させるよう要請を受けた。この山城丸以下一〇隻の船団による朝鮮仁川上港が日清戦争の口火となった。

当時、日本の商船隊は一一万トン。これでは足りないので海外から一三万トン以上を急遽《きゅうきょ》購入し、日本商船隊の船腹量は二倍以上になった。兵員輸送のピーク時には一三六隻二五万八〇〇〇トンの輸送船が動いた。ちなみに、日本郵船は六六隻一五万トン、大阪商船は三二隻一万二八〇〇トンを提供した。輸送した延べ人員は六三万人、軍馬五万六〇〇〇頭、貨物三三万トンに及んだ。高速の商船は、水雷艇母艦（山城丸・近江丸）や通信艦（西京丸）となった。日清戦争の戦費二億円。清国からの賠償金は三億六〇〇〇万円だった。日本郵船は、臨時配当を差し引いた後、二二五万円の利益を得る。

日露戦争では徴用規模も拡大

一九〇四～〇五年（明治三七～三八年）にかけての日露戦争は、一〇年前の日清戦争と比べ、規模が拡大したことはもちろんだ。陸海軍の徴用船は、二六八隻六八万トン（陸軍一七七隻四四万トン、海軍九一隻二四万トン）に及んだ。日本郵船関係は七二隻二六万トン、大阪商船関係は五四隻四万八〇〇〇トンであった。開戦前年一〇月の日本郵船の取締役会では次のような決議がなされた。

「我社はその創め国家の指導誘掖《ゆうえき》に因て設立せられ、爾来《じらい》奨励保護の下に発達し今日に至る……一旦緩急あるに当たりては苟《いや》しくも為し能ふ限り誠意誠心国家の命令を奉じ奮励以て専ら報国を尽さむことを期す」。

高速船は仮装巡洋艦となった（ヨーロッパ定期航路の信濃丸等四隻）。

この戦争で日本郵船は、一一隻三万二〇〇〇トンを失った。初の国産大型客船常陸丸（六〇〇〇トン）は近衛歩兵第一連隊九六三名を乗せ航海中、ロシア艦隊に襲われ全員が海没した。

ロジスティクス線をシベリア鉄道だけにたよるロシア軍は、食糧・軍需品の補給不足の心配につねに悩んだ。日本軍も補給不足の心配は同様であったが、海上ロジスティクス線を確保した日本軍はロジスティクス力に関しては格段の有利さでロシア軍に臨むことができた。

商船高性能化が遅れた日本

海国日本の繁栄のためには、優秀な商船隊が必要である。戦時においても、西南戦争、日清・日露の戦役を例にあげるまでもなく、商船隊は不可欠だ。軍艦は最新鋭艦を巨費で海外から購入し、その後国産艦も世界一流水準となった。

しかし、商船の購入はもっぱら中古船で、その後の国産商船も国際一流水準から見ればレベルが高いとはいいがたかった。

一九三二年（昭和七年）、満州国の建国により、日本と満州（中国東北部）との間の交通量が急増した。大阪商船は南満州鉄道（満鉄）と船車連絡協定を結び、関東軍とも密接な関係を持つようになった。神戸・大連間は双方から毎日一便の船が出航した。六〇〇〇トン級のうすりい丸・熱河丸・吉林丸、七〇〇〇トン級の黒龍丸・鴨緑丸（いずれも昭和七年から一二年にかけての新造船）が日満間を結んだ。

法を整備し、国産商船隊を育成

昭和に入ると、政府は国産船による商船隊の育成に力を入れはじめる。船舶改善助成施設法が、第一次から第三次まで（一九三二～三六年）施行され、その後の一九三七年（昭和一二年）には、優秀船建造助成施設法が制定された。助成対象は、性能や構造面で海軍の要請を入れた新造船である。海軍は、優秀高速商船を助成しておき、戦時にはこれを仮装巡洋艦や小型空母に改造することを考えていたのである。

一九三九年（昭和一四年）完成の大阪商船の「あるぜんちな丸」（一万三〇〇〇トン、二一ノット）の建造費は一〇一三万円で政府からその約三分の一の三一七万円を助成金として受け取った。完成時のスピーチで、村田省蔵社長は、「戦時において役立つ船であることが本船の果たすべき第一の使命である」

とした。

あるぜんちな丸は小型空母に改造され（海鷹と改名）戦没した。

太平洋戦争に入ると、日清・日露の戦役時と同様に高速船は軍艦に改造された。たとえば、二万八〇〇〇トン、二五ノットの橿原丸・出雲丸は空母に改造され、隼鷹、飛鷹と改名された。

大阪商船の愛国丸・報国丸は特設巡洋艦に改造された。

大型商船は、兵員輸送に最適であったことはもちろんである。英国のクイーン・メリー号（一九三六年完成、八万一〇〇〇トン、三〇ノット）は輸送船に改造され一万五〇〇〇人が乗船した。

半分ずつ交代で寝起きし、一日二食制で六四の班に分け給食した。クイーン・メリー号は、第二次大戦中、七六万五〇〇〇人の兵員を運んだ。

ヒトラーは、クイーン・メリー号と、姉妹船のクイーン・エリザベス号を沈めたUボートの艦長には高額の賞金と鉄十字勲章を約束した。

海運は大量物動の基本である。日本商船や日本港湾施設の高コストが近頃問題となってきている。

一九九五年一月の阪神大震災による神戸港の大損害は、日本の海運と港湾が抱えている問題を暴露させた。海上ロジスティクスは日本にとって過去・現在・未来にわたる重大な課題だ。

6　陸軍と自動車——日本とドイツに見る自動車工業の育成

◆日露戦争でロシアの優秀な軍馬を目にした日本陸軍は馬の改良増殖に力を入れた。そして、太平洋戦争終結まで馬による輸送にたよった。
◆陸軍内部でも自動車を重視する流れがあった。しかし、米国自動車メーカーとの提携で国産化を探った商工省に対し、陸軍は純国産にこだわりつづけた。結局、性能・生産量ともに中途半端に終わった。

日本陸軍では、馬は欠かすことのできぬものだった。騎兵用の乗馬はもちろん、砲車の牽引馬、輜重《しちょう》用馬などである。

日清戦争では、二四万人の兵員と五万八〇〇〇頭の軍馬が出征した。この戦争で馬の重要性を痛感した政府は、「馬匹は国の重宝にして富国強兵の基なり」とし、馬匹の改良と増殖を国策とした。

日露戦争では、一〇一万人の兵員と一七万二〇〇〇頭の軍馬が出征した。日本軍馬の多くは、ロシア軍馬と比べて、速力・輓曳《ばんえい》力・負担力のいずれも劣っており、軍馬の改良は軍の最重要課題の一つとなった。一九〇六年（明治三九年）には、内閣馬政局が創設され、四年後の一九一〇年にはこれが陸軍省に移管された。馬政第一次計画（一九〇六～二三年：明治三九～大正一二年）は三〇〇〇万円の予算を得て実行された。

日中戦争では、二四万頭の軍馬が出陣し、終戦時に残っていた軍馬は一二万四〇〇〇頭である。

太平洋戦争開戦にあたって、陸軍省は、乗馬・砲兵独乗用・砲兵輓馬・山砲駄馬・輜重輓駄馬、合わせて三年間に一〇〇万五〇〇〇頭が必要と計算した。

戦場でどのくらい馬が必要だったのか。一例として、開戦初期のマレー作戦時の第一八師団の例をとってみよう。

まず、歩兵連隊は四個で、兵員は約七〇〇〇人、馬は九〇〇頭である。これに山砲兵連隊が一個（兵員二五〇〇人、馬一四〇〇頭）、輜重兵連隊一個（兵員一九〇〇人、馬一五〇〇頭）、騎兵大隊一個（兵員四五〇人、馬四三〇頭）、その他工兵連隊、通信隊、衛生隊などがつく。合計すると兵員は、約二万二〇〇〇人、軍馬五五〇〇頭、自動車五〇台であった。

一個師団で五〇〇〇頭を超える馬が必要だったわけだ。

日本陸軍は、輸送力を最後まで馬にたよった。自動車と馬とを比べると断然、自動車の方が積載量もスピードも有利なのだが、頭脳が硬直してしまっていた陸軍は事実を見ようとせず、現状維持のための理屈をつけた。

中国大陸のようにロジスティクス線の長いところだと、車両部隊だったら動けなくなる、軍馬は現地で調達できるし、馬糧も現地補給できる、シベリアの寒冷地は軍馬の方が有利だ……等々の理屈だ。砲兵の場合、砲弾が砲兵の生命だが、馬に一二発の砲弾を駄載して運んだのではどうにもならないことを分かろうとしなかった。一個野砲兵連隊は三個大隊に分かれる。一個大隊は一二門の砲を持っているから一個野砲兵連隊の所有砲は三六門だ。この三六門を一気に一点に集中させることによって砲兵の威力は発揮される。ぽつん、ぽつんとバラバラに間隔をおいて撃つのでは効果は出ない。一門あたり一分間に六発撃つ。一個野砲兵連隊で一分間に二〇〇発、五分間で一〇〇〇発撃ち込んで成果が出るのだ。馬一〇〇頭で苦心惨憺して砲弾を運んでも、戦闘となれば五分間で消費されてしまう。

近代化推進者が凶刃に倒れる

昭和の陸軍で最も期待されていたリーダーをあげよと問われれば、ほぼ一〇人中一〇人があげた名前が永田鉄山である。不幸にして軍務局長時代、相沢三郎中佐の凶刃に倒れた。

もし永田が凶刃に倒れることなく、長く陸軍の中枢にいたならば、明治期の山県有朋と比べられるような昭和陸軍の大実力者となっていただろうという人も多い。山県は日本陸軍の創設に深く関わった。永田はその日本陸軍の中興の祖として、日本陸軍の近代化を推し進める巨人となっただろう、というのである。彼は頭脳明晰で、しかも人間的魅力もあり、横死直後は、部下が半分冗談まぎれに戒名を「鉄山院殿合理適正大居士」と奉ったほど合理性を重んじる思考や態度をとるのが常だった。

永田は青年将校時代、第一次大戦開戦直前のドイツに語学研修に派遣され、開戦とともに急遽《きゅうきょ》帰国を命ぜられる。

その後、ふたたび大戦下のヨーロッパへ軍事研究員として派遣され、デンマークとスウェーデンに二年間滞在し、戦況の推移やドイツ軍の状況を研究した。帰国後は、臨時軍事調査委員会の委員として、第一次大戦で顕在化した国家総動員の研究に没頭した。そして、第一次大戦直後のヨーロッパの状況を知るため、オーストリアとスイスへ駐在武官として派遣された。人類始まって以来の未曾有の大戦争であった第一次大戦の開戦直前・戦時中・終戦直後の三度にわたるヨーロッパ駐在による大戦の経験と研究は、永田をして日本有数の第一次大戦研究家たらしめた。永田は、長期・大消耗をともなう近代戦の何たるかを身をもって体験し、軍の近代化のみならず、国民精神や交通も含めた産業全体の国家総動員の必要性を痛感した。

臨時軍事調査委員として一九二〇年（大正九年）永田が執筆した論文「国家総動員ニ関スル意見」は、その後の国家総動員関連法案や政府施策の基礎となった。陸軍省では軍需品増産の政策立案とその実施のため、一九二六年（大正一五年）整備局（統制、動員の二課）を新設した。

整備局は、近代戦に備えて、陸軍としての軍事資材の開発・製造・調達に関する基本政策を担当した。

初代動員課長は永田中佐である。

法を整備し、自動車会社を助成

動員課長の永田が最も力を入れたのは、国産自動車工業の確立であった。第一次大戦を体験した永田にとって、自動車は陸軍の近代化に無くてはならぬものだった。

整備局動員課が創設された年の前年（一九二五年二月）、米フォード社は横浜市にT型フォードの組み立て工場を作り、六月に販売を開始。半年間で三五〇〇台を販売した（当時の日本の自動車保有台数二万五〇〇〇台）。当時は、T型フォードの最盛期で年間二〇〇万台（標準販売価格二九〇ドル）が生産されていた。フォードは、一九二七年（昭和二年）には本格的な組み立て工場を日本に建設した。以降、年間平均一万台の自動車を組み立てて、日本市場で売りさばいていった。

自動車（とくにトラック）の重要性を感じていたのは陸軍であった。軍需品を運ぶのに、馬車とトラックではその能率が格段に違う。

一九一八年（大正七年）には「軍用自動車補助法」を制定して、民間会社に軍用自動車を製造させようとはかった。陸軍の動きに応じて、軍用自動車を製造し始めていたのが、次の三社だった。

・東京瓦斯《ガス》電気工業。その名前のとおり、もともとはガス器具の製造会社である（トラック名「ちよだ」）

・石川島造船。第一次大戦で得た巨利を投じて自動車製造に乗り出した（トラック名「すみだ」）

・ダット社の前身の快進社。ダットと名づけたトラックを一九二四年（大正一三年）から陸軍に納めていた

陸軍省による軍用自動車開発費は、年間一〇〇〇万円が計上されたが、これは毎年使い切れぬほどの巨費だった。

自動車部品工業が育っていない当時の日本では、これらの会社は世界中から最高級品の部品を輸入して一台一台手作りした。それでも陸軍の検査を通るのが六割くらいだった。大量生産という概念はなかった。

陸軍がトラックの重要性とその国産化の必要性を痛感したのは、満州事変の後期作戦ともいうべき熱河作戦だった。

一九三一年（昭和六年）、満州事変勃発。翌年満州国成立。満州国執政（後に皇帝）には清朝のラストエンペラー宣統帝溥儀《ふぎ》が就任。しかし、張学良ら抗日勢力は熱河省に拠点をおいて活動を続けたため、一九三三年（昭和八年）関東軍が

熱河省を攻略したのが熱河作戦である。

熱河省には鉄道がなく峨々《がが》たる険しい山々と不毛の荒地と砂漠が続いている。しかも、作戦の時期は零下四〇度を下回る酷寒期だった。作戦の迅速な成功は、自動車部隊によるロジスティクス活動にかかっていた。このためには、既存の関東軍の野戦自動車三個中隊では間に合わない。

一三個中隊まで拡充された。国産トラックだけでは足りない。シボレーやフォードのトラックが大量に投入された。フォード社が横浜から上海へ輸送中のトラック五〇〇両を急遽購入して大連にまで運んだともいわれている。国産車と外車のスピードや故障等の性能は、段違いに外車が優れていた。外車が割り当てられた中隊は歓声をあげたといわれる。

輸送距離（兵站線）は一〇〇〇キロに及んだ。トラック部隊がなければこの作戦は考えられなかった。作戦開始以来、わずか四日間で熱河省の省都である承徳を陥落させたそのスピードぶりに陸軍省は驚いた。トラック部隊の予想以上の活躍だった。

米社との提携探った商工省

当時の国産自動車育成に影響力があったのは、陸軍省と商工省だった。商工省でこの問題に対処したのは、工務局長の岸信介と工政課長の小金義照。陸軍省の中心人物は、動員課の伊藤久雄少佐で、動員課長は田辺盛武、整備局長は山岡重厚。どこの国でも産業政策を扱う役所は、合理性を貴び、自由貿易的思想が強く、陸軍はナショナリズムが強い。

商工省は、自動車工業では日米間に雲泥の差かおることを考え、米国から技術を導入すべきだとした。純国産は無理で米国系企業との提携で国産自動車工業のレベルアップと規模の拡大をはかろうと考えた。

細々と手工業的に年間生産一〇〇〇台に満たぬ規模の日本企業に対しフォードはT型だけで年間二〇〇万台を生産していた。

陸軍で軍需品の開発・製造・調達に関する基本政策を担当していたのは、初代課長の永田鉄山（二代目課長は東条英機）の思想を引き継ぐ動員課（一九三六年：昭和一一年八月に、戦備課と改称）で、国産自動車工業の育成に情熱を燃やしていた。動員課の伊藤久雄少佐は一九三五年（昭和一〇年）九月、陸軍省の意見をまとめた「自動車工業確立ニ関スル経過」を作成した。その内容は次のようなものだった。

①大規模国産自動車会社の創設
②フォード、シボレー級の「新経済車」の決定
③自動車生産を許可制とし、国産自動車会社の保護

なぜ、この三点が必要なのか。伊藤少佐は次のようにいう。

・わが国の自動車資源は、戦時に突入すればどんなに無理をしても、一年間で枯渇してしまう。将来の軍の機械化、国内需要増を考え、自給自足のためには、速やかに大量生産の設備を整えておく必要がある。
・自動車製造設備は、戦時に飛行機製造へも転用できる。
・自動車工業は各種工業の総合であるから、一般工業発展の牽引力となる。
・日本の保有自動車の九割以上が外国車で、輸入のため毎年数千万円が海外に流れているのは国の財政・経済上、大きな問題。

いずれにせよ、陸軍主導の国産自動車工業育成のための「自動車製造事業法」は一九三六年（昭和一一年）五月、法案上程からわずか一〇日で成立した。その第一条は次のとおり、はっきりと国防のためと記されていた。

「本法「国防ノ整備及産業ノ発達ヲ期ス為、帝国ニ於ケル自動車製造事業確立ヲ図ルコトヲ目的トス」。

そして、自動車製造事業を行う者は、

「株主ノ半数以上、取締役ノ半数以上、資本ノ半額以上、及議決権ノ過半数ガ帝国臣民又帝国法令ニ依リ設立シクル法人ニ属スルモノニ限ル」

とされたのであった。

ドイツは公社方式で国民車を生み出す

日本陸軍は明治の建軍以来、ドイツ軍の影響を受けてきた。自動車工業に関しても例外でなかった。

一九三三年、ヒトラーは政権の座についたこの年「国民車構想」を発表した。この構想には軍事目的があった。平時から安い大衆車を国民が持っておれば、そのための自動車産業や整備業が充実し、戦時には軍用車として徴用できる。第一次大戦ではフランスはルノーのタクシーを戦場に投入して

活用した。ヒトラーは、高速自動車道路のアウトバーンも大々的に造った。これは兵力の迅速集中と東西間への移動というモルトケ以来のドイツ軍の戦略のためであった。

ヒトラーの国民車構想は、自動車技師フェルディナント・ポルシェの情熱と結びつきフォルクスワーゲンとなって結実する。ヒトラーの国民車とは、

①最高時速一〇〇キロ
②一〇〇キロ走る燃料消費量七リットル以下
③四～五人乗り
④空冷
⑤値段は一〇〇〇マルク以下

だった。

ポルシェの試作車はヒトラーの親衛隊員によって延べ二四〇キロのテスト走行が行われるとともに、ナチス労働戦線（DAF）直属のフォルクスワーゲン公社が創設され、ここで製造されることとなった。最終試作車が、一九三八年に四四台作られ、ファレスレーベン近くに広大な生産工場が着工された。フォルクスワーゲンの購入希望者はDAFの組合員となり、毎週五マルクずつ給与天引きでDAFに納めて証紙を受け取る。この証紙がスタンプ貼りに一杯の九九〇マルクになるとあこがれの自家用車が手に入る。大衆から集めた金はDAFの資金として工場の設備購入資金となった。

第二次大戦に入ると、この工場は軍需工場となり、四輪駆動車のキューベル・ワーゲンや、水陸両用のジュビーム・ワーゲンといった小型軍用車を量産した。

一九三八年にはドイツの自動車生産は二七万台を超え、米英に次ぐ自動車生産国となった。

ロジスティクスがテクノロジーの進歩と緊密な関係にあることを示す一例が自動車であった。

太平洋戦争終結後四〇年で、日本は米国を抜いて世界一の自動車生産国となった。それは役所の保護や指導だけにたよることなく、自力で知恵を絞り、汗を流した民間自動車会社の努力の賜物であった。国や役所にたよろうとする所からは、一流の産業は生まれない。戦後のフォルクスワーゲンの隆盛もそうであった。

7　航空ロジスティクス①――新しいテクノロジーの応用による新軍事概念の創造

◆ライト兄弟は、飛行機の用途の広がりを予想することはできなかった。新技術の発明者と、それを活用する知恵を出す人とは違う。重要なのはむしろ活用の方だ。
◆日本軍は、飛行機を輸送に使うことは微塵も考えなかった。このため、中国とビルマ（ミャンマー）の奥地作戦で米英の空中輸送に敗れた。

大空を鳥のように自由に飛ぶことは人類の長い間の夢だった。ガソリン・エンジンとプロペラによる推力と固定飛行翼による揚力を使って初めて空を飛んだのは、ライト兄弟によるフライヤー一号だ。時は一九〇三年一二月一七日。場所はノースカロライナ州のキティホークである。兄弟は自転車製造工場を営むかたわら、飛行機の製作に熱中してきた。

工場からの年間収益三〇〇〇ドルの三分の一の一〇〇〇ドルを投じて兄弟はフライヤー一号を製作した。二年後の一九〇五年になると、フライヤー三号で五〇回の飛行を実現した。飛行総時間三時間、最長飛行時間は三八分三秒であった。

発明者はその用途を知らない

発明者は寝食を忘れて、ある一つの夢の実現のために没頭する。それがどのように応用されるかは知らない。ライト兄弟の初飛行から四四年後に、ベル研究所のショックレーを中心としたグループがトランジスタを発明した。

電話通信用の増幅器の真空管は電気を喰い、大きな容積を必要とする。故障が多くて寿命も短い。この真空管に代わるものを何とか半導体の結晶を使ってできないものだろうか、というのが長年のショックレーの夢だった。ショックレーは、これをゲルマニウムの単結晶を使って実現するわけだが、トランジスタをどのような方面で活用するかはショックレーの考えの及ぶところではなかった。トランジスタを使ったラジオを商品にすることを考え実行したのはソニーの井深大社長だった。

最初の用途は艦砲の着弾確認

新しく出現した飛行機をどのように活用し発展させるかは、ライト兄弟以外の先見性に富んだ人々の洞察力と実行力にかかっていた。

飛行機とは要するに鳥のようなものだ。上空から下はよく見える。海軍がまず考えたのは、着弾観測だ。当時は、大艦巨砲の時代だった。砲がますます巨大化し、射程距離が長くなる。高いマストの上に着弾観測場所を作って射撃の修正をするようになったが、巨砲の射程はさらに伸びる。飛行機を使って上空から着弾観測をしてはどうか、ということとなった。生粋のパイロット出身で米国海軍航空隊育ての親となった、ジョン・タワーズ大将の飛行機への関わりもそうだった。

一九一一年、米海軍初の全巨砲戦艦「ミシガン」の着弾監視士官となったタワーズ中尉の任務は水面から一三〇フィート上にあるカゴ型マストの頂上から一二インチ主砲の着弾を観測することだった。飛行機を使用しての観測はどうだろうかという考えがタワーズに飛行機への興味を持たせたのだ。敵艦隊との間に駆逐艦を使用して煙幕を張らせ、相手から自艦隊を隠し、自艦隊は飛行機によって相手艦隊の位置をつかみ、着弾の修正をしつつ敵艦隊を撃破する、という戦術も生まれた。

こうなれば、飛行機を持たぬ艦隊は敵艦隊が見えず一方的に敵の砲撃を喰らうことになる。

海軍における最初の時期の制空権の必要性は、この着弾観測機が使用できるかどうか、という意味を持っていた。

陸軍はどうだったのか。飛行機は空を飛ぶから橋やトンネルはもちろん道も不要だ。ある地点とある地点との間を直線距離で飛ぶことができる。ということは、連絡通信のスピードに優れているということである。陸軍通信隊が食指を伸ばしたのは自然だった。ライト兄弟は陸軍通信隊への売り込みを試みたし、一九〇七年、時の大統領セオドア・ルーズベルトは『サイエンティフィック・アメリカン』誌に載ったライト兄弟の記事を読んで陸軍に調査を命じた。担当したのは陸軍通信隊だった。

初期の米陸軍航空隊の鬼才だったビリー・ミッチェル大佐の陸軍でのキャリアの第一歩は通信隊である。航空との結びつきは、参謀本部で陸軍通信隊飛行班を担当して始まった。

第一次大戦では、欧州派遣航空隊の指揮官となり、帰国後は陸軍航空隊副司令官となった。

飛行機が郵便に使われたのも同じような理由からだった。一九二五年、クーリッジ大統領は航空郵便法を施行して航空郵便を国営（郵政省）から民営に移した。

その後、飛行機の性能向上とともに、攻撃用（爆撃機・雷撃機など）としても使われるようになり、自軍の攻撃機を護衛したり、敵攻撃機を攻撃する戦闘機も現れた。戦場で敵軍を攻撃するだけでなく、敵の重要工場地帯・電力地帯・都市をつぶす戦略爆撃という思想も、ビリー・ミッチェルなどによって唱えられはじめた。

物資などの輸送は逆転の発想

飛行機はその性能の特色上、重量物や容量の大きなものの輸送には向いていない。

だから、兵員や物資の輸送という概念が出てくるのは最も遅れてからであった。

そのスピードと、山脈・大河・密林・沼沢地に関係なく、どこへでも行けるという飛行機の特色を利用して新しい概念を作りあげていったのが、先見性と洞察力と実行力のある戦術家だった。

落下傘部隊を編成して敵の後方深く降下、奇襲させる戦術を考え、その実現化を試みたのは前述のミッチェルやソ連赤軍のトハチェフスキー元帥である。落下傘部隊の練成には多大の費用と時間がかかる。また、落下傘兵はごく限られた軽武装しかできない。廉価で使い捨てても惜しくないグライダーに相応の武装をした兵員を乗せて、作戦地まで輸送機で牽引し、落下傘部隊の降下と併行的にグライダー部隊を敵の空地に強行着陸させる、いわゆる空挺師団の概念は、ドイツ陸軍やゲーリング元帥の率いるドイツ空軍が考案し実行した。これはグーデリアン将軍率いる戦車部隊と共同で行われることもあり、電撃戦（Blitzkrieg）とも呼ばれた。

日本の陸海軍は、新しい概念を生むのが苦手だった。空母を集中して使用する航空艦隊の創設とこれの実施は日本海軍が世界に先がけたものだが、これ以外あまりない。

日本陸海軍の特色は、攻撃力偏重であった。攻撃力を重視するあまり、その攻撃力を支える諸々の機能（ロジスティクス）を軽視する。

戦闘機は、直接的に敵艦隊を攻撃するものではないから不要だという意見すら有力だったこともある。戦闘機は、単座急降下爆撃機に変えるべきだ、という意見も強かった。大型の爆撃機が出現した時は、その航続距離の長さと、強力な防御砲火を考え、戦闘機へ回す資材と金をこの爆撃機に向けるべきだというほど戦闘機無用論の影響力が大きかったこともある。

戦闘機無用論があるくらい攻撃力重視の雰囲気の中で、ロジスティクス関連の飛行機を開発しようとしたり、飛行機を使ってのロジスティクスを研究してみようという動きは日本軍の中では起こらなかった。物資を空輸するという考えを生むには、日本軍の参謀たちの頭はあまりにも固すぎた。参謀は、最も柔軟な発想が必要だが、彼らにとって物資輸送と飛行機はとくに縁遠いものだった。

三菱製一〇〇式輸送機は輸送乗員一九人で五〇七機生産した。これに対してドイツのユンカースJu52輸送機は一〇〇式輸送機とほぼ同性能だが四八〇〇機生産された。米国のダグラスC47輸送機は輸送人員二七人で一万機が生産されている。これは工業力の差以前に航空ロジスティクスへの理解の差といってよかろう。頑丈で故障の少なかったユンカースJu52は、見た目も美しくなく性能も平凡だったが、タンテ（おばさん）と愛称で呼ばれドイツ空挺師団戦力にはなくてはならぬ存在だった。ダグラスC47も、ノルマンディー上陸作戦や後述のアジアの奥地作戦で活躍した。

道なき奥地に一気に届ける

日本軍の参謀が研究はもちろん考えることもなかった航空ロジスティクスによって日本軍が敗れたのがビルマや中国の奥地作戦だった。

第二次大戦中米海軍のトップだったキング元帥の戦略の一つは、蒋介石軍の崩壊を何としても防ぐことだった。蒋介石ががんばっているため、日本は大陸に大軍を釘づけにされている。蒋介石が破れて、日本の大兵力が太平洋方面に移動配置されることはキングとしてはなんとしても防がねばならなかった。

キングの考える中国の連合国への寄与のもう一つは、そのマンパワー供給力だった。中国のマンパワーに米国製の武器を与えれば、日本への大きな軍事圧力となる。この二つの目的のためには、米国製の兵器・軍需品を惜しみなく重慶の蒋介石軍に供給しなければならない。

インド東端インパール北方のレドからビルマの最北部を通って中国の雲南省にいたる補給路（レド公路）を米軍は建設しようと考えた。

しかし、この辺りは、世界最大量の降雨地帯で雨期には濁流がすべてを押し流してしまい、伝染病が猖獗《しょうけつ》を極める、現住民も足を踏み入れない密林地帯である。米軍の誇るブルドーザでもってしても容易に完成できる道ではなかった。米陸軍は、一九四二年七月に航空輸送司令部（ATC）を発足させ、翌月にはインドのカルカッタからヒマラヤ山脈を越えて中国の昆明（雲南省）と成都（四川省）にいたる航空ルートを開いた。

このルートによる輸送は、ハンプ輸送と呼ばれた。ハンプとは山の塊の意味で米軍がヒマラヤ山脈につけた俗語だ。C47輸送機を使って、最初は毎月五〇〇〇トン、一九四三年の年末頃には毎月一万トン、一九四五年の五月になると毎月七万トンの輸送量で、使用輸送機は六〇〇機に達し、多数のグライダーも使った。グライダーは通常、C47機に一〇〇メートルの綱で一機を曳航《えいこう》したが、グライダーのパイロットの練度が高い場合はV字型に二機のグライダーを曳航した。

インドへ帰る輸送機には中国兵を乗せ、インドで米国製武器を持たせて訓練し、四個師団の兵力を編成した。

五〇～一〇〇キロの荷物を馬の背に乗せて運ぶことしか知らない日本軍の参謀にとって、一〇〇機以上の輸送機を使っての輸送など思いもよらぬことだった。日本軍の参謀がビルマ戦線で誤算つづきだったのは、ロジスティクス関連を軽視し、航空機を使った輸送の研究を怠ったからである。

道路の劣悪なビルマの山地では、五〇頭の馬を使用してもせいぜい三トンの物資しか運べない、といった頭の参謀では、一挙に一〇〇機の航空機を使って五〇〇トンの物資を運ぶということなど想像できなかった。グライダーを使用しての輸送もこれまた想像外だった。

ビルマ方面への進攻を計画していた英軍（総司令官マウントバッテン中将）のとった第一の作戦は日本軍のロジスティクス線破壊だった。まず少数の挺身隊をひそかにビルマ北部に潜入させ、グライダーの降下着陸に適した地点を調査し、日本軍の交通要線・軍需品集積所などを調べ上げる。一九四三年（昭和一八年）二月のことだ。

こうして準備を固めた後、一年後の一九四四年（昭和一九年）三月五日、英陸軍ウインゲート少将率いるグライダー部隊六七機（一機に一三人の武装兵が搭乗）はC47機に二機ずつ曳航《えいこう》されて目的地に強行着陸し、ただちに飛行場を急造する。この飛行場を利用して三月一五日までに三次にわたって二万人の大兵力をビルマ北部に輸送した。

これらの兵力は、すべてインド方面からの空中輸送補給にたより、四月五日までに一二五〇トンの物資を空輸した。部隊の任務は、日本軍が使用している鉄道・橋梁・道路の爆破と日本軍の補給部隊や補給機関への攻撃だった。彼らは日本軍の戦闘兵団と衝突することは避け、もっぱら日本軍のロジスティクス線を破壊して日本軍の戦闘兵団を足腰立てぬ状況に追い込もうとしたのである。

包囲するも、補給が続かず敗れる

ビルマ方面では、このウインゲート旅団の進入の一ヵ月前、これも日本軍参謀の頭の中では考えられぬことが起こっていた。花谷正中将の第五五師団と桜井徳太郎少将の率いる桜井兵団は、ビルマ西部に侵入した第七インド師団を攻撃して退却させ、シンゼイワ盆地に包囲した。

勝負はあったと思われたが、予想外のことが起こった。英軍は逃げ込んだ盆地に、直径四キロの円型陣地を作っていた。一〇〇台以上の戦車をこの円周に沿ってならべ、戦車間には数百の野戦砲と重機関銃を配置している。円周の前面には鉄条網を張り、どの方向から攻めても戦車砲・野砲・重機関銃が大地を揺るがすように反撃してくる。

完全に包囲された英軍は五週間に七一四回、合計二三〇〇トンの落下傘による空中補給を受けた。落下傘は補給物資によって白・黄・赤・青と色分けされていた。たとえば、青色は飲料水であった。

四日分の食糧しか持たず、補給のない日本軍は攻撃の都度負傷者が増え、食うに食糧なく撃つに弾丸のない状況となって敗退せざるを得なかった。日本軍は、この英軍陣地を「航空要塞」とか「円型陣地」と呼んだ。どの参謀も、士官学校や陸大でこのような陣地を教わらなかった。

航空機ロジスティクスは、新しいテクノロジーの応用を考えず、旧来方法の墨守から脱け出す洞察力と研究心を失っていた日本軍の弱点が最もよく現れたものであった。

新しいテクノロジーが生まれた時には、必ずこれを応用できる分野がある。応用分野は、従来の思考の延長からでは想像することができない。鋭い洞察力が必要で、しかも新しい応用の実行力がなくてはならない。

8　航空ロジスティクス②——航空ロジスティクスの特徴

◆太平洋戦線はもとより、中国奥地戦線でも陸軍航空隊が実戦参加した例は少ない。

◆理由は、陸軍機の航続距離が短く、実戦向きでなかったことにある。陸軍航空の幹部は、政治的に航空隊を使うことには長けていたが、操縦資格を持たぬ航空の素人だった。

太平洋戦争の戦史に関心のある人ならかならず疑問に思うことの一つに、南方方面での日米の死闘に日本の陸軍機がまったくといっていいほど登場しないことだ。

ガダルカナル攻防戦に陸軍機は一機も参加しなかったし、ソロモン、ニューギニア方面の攻防戦でも陸軍機の活躍はほとんどなかった。航空機製造用の資材は陸海軍ほぼ同量に分配し、製造機数もほぼ同数だったにもかかわらずである。

日本の海軍機が米陸軍機と対戦

日本の海軍機の大敵は、米国の陸軍航空機だった。B17やB26によってガダルカナルへのロジスティクス線が切断された。山本五十六長官機を撃墜したのはP38だ。ドーリットルの東京奇襲はB25によった。いずれも米陸軍機である。古賀峯一連合艦隊長官は、「航空機用の資材配分が陸海軍パリチー（同量）なら、戦いも陸海軍パリチーでやれ、ソロモンの上空にアルメー（陸軍）の飛行機が一機も飛ぶのを見ない」と血を吐く思いで内地に伝えている。

日米間の最終的な決戦ともいえるマリアナ沖海戦時も同じ。この方面に陸軍は、第三一軍を展開させているにもかかわらず陸軍機を一機も派遣しなかった。

ガダルカナル攻防戦では、陸軍の辻政信参謀が参謀本部航空主任参謀の久門有文中佐に、

「陸軍航空をラバウルに派遣し、海軍航空を支援すべし」

と力説したが、久門は、

「陸軍航空をラバウルで消耗することはできぬ」

と拒絶した。

日米戦の天王山ともいうべきガダルカナル戦での航空戦力派遣という重要決定が、参謀本部の中佐クラス（久門中佐）によって決められたのだ。

米国海軍ならニミッツ太平洋艦隊司令官（大将）の上のキング大将が決めるような内容を、参謀本部の一《いち》中佐班長が決めたのが日本陸軍だった。

久門は、日米の航空戦をすでにあきらめていたのかも知れない。ガダルカナル戦を指導した参謀本部の田中真一作戦

部長は、ガダルカナル島への船舶徴用問題で要請を断った東条英機首相兼陸相に「馬鹿者共」と怒号して、作戦部長のポストを追われた。これは、田中がガダルカナル島奪回の可能性が一〇〇パーセント見込みのないことを知り、この重責を逃れるために打った芝居と見る者も多かった。

最強硬の対米開戦論者だった田中はこの時、戦争の将来に見切りをつけていたのではなかろうか、開戦前、参謀本部の第一部（作戦部）は対米早期開戦論で参謀本部をリードした。その中でも、もっとも強硬な開戦論者が田中第一部長だった。田中は、猛虎のように怒号しつつ、機関車のように参謀本部を対米戦へと引っ張っていった、といわれている。

ちなみに、永野修身軍令部総長、杉山元参謀総長はもとより田中作戦部長もガダルカナルの現地に出張して実情把握に努めたことは一度もない。海兵隊をガダルカナル島へ上陸させた米海軍はノックス海軍長官やニミッツが現地を訪れ、前線の将兵を激励している。硫黄島上陸作戦時にはフォレスタル海軍長官が前線を訪れ、激戦中の将兵を激励した。

口実を設けて断りつづける

陸軍機が主要作戦にほとんど参加しないことに、昭和天皇も疑問を持ち、一九四二年（昭和一七年）八月には参謀総長に質問された。しかし、陸軍側はその都度口実を設けて、一貫して陸軍機の提供に拒否の態度を続けた。

その理由は何か。一口でいえば陸軍航空が弱体であったからである。陸軍は宣伝に役立つことや、いいとこ食いは素早かった。

陸軍が航空部を設置したのは一九一九年（大正八年）。これを航空本部としたのは一九二三年（大正一二年）で、海軍の航空本部設置（一九二七年：昭和二年）よりも早かった。陸軍航空本部長には渡辺錠太郎、杉山元、畑俊六、古荘幹郎、東条英機、山下奉文といった陸軍のホープをつけている。しかし、これは当時の陸軍（あるいは官僚制度）の通弊の一つの表れといってもいい面を含んでいた。組織を作ってトップに有名人を配置し、予算をつければ、何でもできる、という考えだ。

陸軍航空は幹部の通過ポスト

陸大出の幹部は、宣伝と観念論と政治的動きは好きだが、航空棹《かん》を握ったこともなく、航空を生涯のキャリアにしようと思ってもいない。任期一年か二年の、出世のための一つのステップにすぎない。

戦争末期、陸軍の航空関係者と連絡で会うことが多かった奥宮正武海軍中佐が体験をとおして知ったのは、陸軍航空関係の主要ポストにパイロット出身者がきわめて少ないことだった。

航空機搭乗の実績のない者が、効率的な航空行政や航空作戦を遂行することは無理だ。米陸軍航空隊の幹部が、アーノルド、ドーリットル、ルメイをはじめ、いずれも生粋のパイロット育ちであったのと対照的であった。

航空素人の陸大卒の幹部は、飛行機の支えるロジスティクスがいかに重要かを知らない。数や性能だけに関心が向きがちだ。

航空部隊が、能力を十分発揮するためには、飛行場の数とその整備状況、機体・エンジンの補修整備体制、燃料貯蔵、防空、通信、宿舎休養の諸施設、といったものの完備が不可欠だ。

陸大教育の弊害からくる攻撃力偏重思想を持ち、仕事は組織を作って人を張りつけ予算を取ってくることだと考えている陸軍航空幹部は地味なロジスティクス関連事項を考えようとしない。気がつきはじめた頃は、もう他へ転任である。

飛行機の性能を考える場合、素人はスピードや武器だけに目を奪われがちだ。実戦では、戦場の酷使に耐える頑丈さが何より重要である。ドイツ軍の輸送機ユンカースJu52が平凡な性能にもかかわらず大活躍したのは、各前線での酷使に耐え得る頑丈さを持っていたからであった。米軍の輸送機C47も同様だった。

次は、航続距離の長さである。日華事変で陸軍航空機がほとんど活躍できず、大陸での作戦にもかかわらず海軍機の活躍にたよったのは、中国奥地を攻撃するための航続距離が陸軍機にはなかったからだ。

どんなにいい性能を持っていても、飛べなくなった飛行機や地上にいる飛行機は、戦力ゼロだ。燃料切れとなれば船や車はストップすればいいが、戦場の飛行機の場合間違いなく死を意味する。

実戦家は航続力を評価

パイロットとして数多くの戦場の修羅場を体験したゼロ戦の撃墜王、坂井三郎氏の意見を聞いてみよう。

「ゼロ戦が存分な働きを発揮できたのは、一にかかって航続力、航続時間に自信があったからであり、帰りの燃料の心配などしていたらパイロットは適切な判断、良い思案も浮かばない」。

「私は数多くの実戦の体験から、ゼロ戦の最大特長は長大なる航続力であると断言する」。

ドイツ空軍のメッサーシュミット戦闘機が英国上空でのドイツ爆撃機の護衛に力が発揮できなかったのは、航続距離の短さであった。燃料切れを心配して帰途を急ぐメッサーシュミットは、英空軍のスピットファイアーが攻撃してくると英上空での戦闘ができなかった。

この航続距離こそ日本陸軍機が太平洋の島々で働けなかった第一の原因であった。

前線のラバウルに出陣するにも海軍機は硫黄島、サイパン島、トラック島の三飛行場経由で行けるが、陸軍機は、沖縄、台湾、フィリピン諸島のルソン・セブ・ミンダナオの各基地、セレベス（メナド）、セラム（アンボン）を経由し、ニューギニアの三つの飛行場を経由しなければラバウルに行けなかった。

陸軍側がその都度口実をもうけて戦線に陸軍機を出さなかったのは、出せなかったことと、出しても戦果が期待できず自滅させるために出すようなものだったからである。

ゼロ戦の長所については、二〇ミリの大口径機関砲をあげる人も多い。単純に技術面から見ればそうかも知れないが、実戦に臨んだパイロットの見方は違った。ふたたび坂井氏の意見を聞こう。

坂井氏は二〇ミリを評価しなかった。二〇ミリは五〇発（二門で計一〇〇発）しかない。あっという間になくなる。弾丸のなくなった機関砲など何の役にも立たない。七・七ミリ機銃なら五〇〇発（二門で一〇〇〇発）ある。故障も少ない。小型口径でも蜂の巣のように敵機に撃ち込めば必ず墜《お》ちる。

米軍を前に対ソ戦の教育

陸軍は建軍以来仮想敵国の第一はロシアであり、その思考惰性が恐るべきことに太平洋戦争の末期まで続いた。死闘をくり返している敵米軍の研究をやらず、もっぱら従来からの対ソ戦研究一本槍だ。

一九四三年（昭和一八年）末、陸大の卒業式に昭和天皇が行啓された。帰途、侍従武官長に、

「日米戦争苛烈な今日、依然として対ソ戦教育をしているのはどうか」

とのご下問があり、あわてた陸大側は、一九四四年（昭和一

九年）度より対米戦教育に切り替えた。

官僚化した組織の惰性は、天皇の言葉がなければ、戦争をしている相手国軍に対する戦術研究を行わず、旧来の仮想敵国の戦術研究をそのまま誰疑うこともなく敗戦まで続けていた可能性が強い。

陸軍航空が対米戦に戦力を出すことを断った背景には、対ソ戦一本槍の考えが主脳部の頭に残っていたことにあったのかもしれない。

海軍は、航空軍政に大きな熱意を示した山本元帥や、航空作戦に真剣に打ち込んだ小沢治三郎中将などがいた。生粋のパイロット育ちも枢要な地位についた。軍令部次長大西瀧治郎は少壮時、

「海軍航空は小生の生命にして、之が健全なる建設発展の為には、小生個人の名誉等は何等問題に無之、又小生の信じて行はんとする所は……何物も恐れず候」

と書いた。

昭和の秋山真之といわれ、その頭脳の明晰さに舌を巻かない者はいなかったといわれる樋端久利雄大佐、戦時中作戦課長だった山本親雄大佐も生粋のパイロット育ちだ。源田実大佐ももちろんである。

海軍も人事処遇制度に問題点あり

海軍のいいところばかり書いたか、問題だったと思う点もあげておきたい。

日本海軍は、英国海軍を手本にした。したがって、ハードウェアの軍艦や兵器類は主として英国製だった。これは英海軍が七つの海を支配するといわれたほどの兵力を持っており、世界の工場といわれるくらいの工業技術力水準を持っていたので当然の選択だった。

ただ、英海軍の人事諸制度を鵜呑《うの》みと思われるくらいそのままとり入れたことは問題だった。

英国は現在でもそうだが、厳然とした階級社会である。貴族制も残っている。体格でもしゃべる言葉でも、貴族層と一般庶民層の区別ができる。服装も違う。飲みに行く酒場も違う。学校も違う。一般庶民は、寄宿制私立校のパブリックスクールにはまず入れない。乗り物も違う。交通機関は大部分、一等と二等の区別があり、庶民は一等車にはまず乗らない。読む新聞も違う。

それが伝統文化であり、誰も疑わない。この制度が長所となって国運を隆盛にした。

明治期は庶民も士族に一目おく

日本も明治時代中期頃までは、士族と平民という階級意識が国民の間に広く残っていたから、英国式もスムーズに導入できた。英国は、貴族ないしそれに準ずる家系の子弟が国王や艦長とのコネで一二歳くらいの年齢でミッドシップマンとして艦に乗り組み、艦の上で鍛えられて士官となった。

日本は兵学校や機関学校を卒業した者が士官となった。明治中期頃までは、これらの学校に入ったのは大部分が士族だった。これらの士族は貧乏ではあったが士族の矜持《きょうじ》を持っており、一般庶民も士族には一目おいていた。

ちなみに、明治末期から大正前期の兵学校の各クラスには、平均一～二人の華族出身がいた。公爵・侯爵・伯爵の爵位保持者もいた。薩摩島津家の当主、公爵島津忠重は海兵三五期だ。

しかし、時代の経緯とともに士族の概念は消えてゆき、出身家系など問題でなくなり、ただ学校を出たかどうかで士官とそうでない者との差が生じる体制となった。

にもかかわらず英海軍式に、士官と下士官以下は、貴族とそうでない者というように、戦場でも住居・待機所・食堂などを厳しく区別し、下士官から士官への道も厳しく閉ざした。能力の差が判然と分かるような場合には、この制度は喜劇と化す場合が生ずるようになった。

上官の技量が部下より劣る

戦闘機のパイロットの場合がそうであった。パイロットの腕は飛行経験が絶対基本である。士官だから飛行経験が少なくとも腕は上ということはあり得ない。もちろん、例外はあるが飛行経験の少なさから技量がまずくて部下のベテラン下士官の足手まといになるような士官が、リーダーとなっていたのが日本海軍の戦闘機隊の実態であったようだ。

パイロットの数は士官・下士官で大体一五対八五。三機編隊の小隊三つで中隊。中隊長以上は士官（中尉）がなる。飛行長（中佐）は飛ばず、複数の中隊を率いる場合は飛行隊長（少佐）が飛ぶ。操縦の訓練を教える側でも、士官は教官、下士官は教員と区別した。

パイロットの眼から見れば誰が見ても腕が未熟な者がリーダーになり、腕のよい下士官トレーナーが教員として下におかれるような体制で、ベテランパイロットのモラール（士気）が上がるはずもなかった。階級制度のある国の制度を階級制度のない国へ「鵜呑み導入」したことと、その惰性的存続の問題であった。

モラールに関しては、奥宮中佐は実戦の体験から次のように書いている。

「自暴自棄的な勇敢は長続きしない。モラールを上げるには良い飛行機や良い兵器を与えることとともに良い飛行場、良い衣食住、清潔な衛生環境を作ってやり、しかるべき時期に第一線の任務を解いてやり、功労者を速やかに表彰することだ」。

奥宮中佐の言にもう一つつけ加えたい。

「社会的環境や能力処遇の点から考えて不当な人事処遇制度の下では真のモラール向上は望めない」

民間企業でも同じだ。ある特定校の卒業者が主要ポストを独占している会社や、大卒・高卒・中卒を貴族と庶民との区別のように厳しく差別している会社でうまくいっている所を、筆者は寡聞にして知らない。学歴と職務能力とは別と考えた方が民間の企業運営の中では実態に合っている。

第三章　戦略の正誤

戦術のまずさは戦略で補うことはできるが、戦略の誤りを戦術によって正すことはできない。

その典型的な例が日本海軍の潜水艦運用だった。ロジスティクス線を切断されては、軍需産業自体がダウンしてしまう。燃料がなくなれば主力艦（戦艦や空母）も動けない鉄の塊と化し、飛べない飛行機など何の役にも立たないアルミのクズと等しくなる。弾薬の補充がなくなれば大砲も機関銃も存在意義がなくなってしまう。五〇〇〇トンの運送船が沈められれば、三〇〇〇人の兵士による一個連隊が一瞬にして海の藻屑と化す。

日本潜水艦は米海軍の主力艦に的を絞った。主力艦は速力も速く防衛も堅固だ。そう簡単に沈めることはできない。潜水艦に日本海軍は大きな期待を持っていたが、成果はほとんどなかった。

米海軍の潜水艦はドイツ海軍のUボート戦略に学んで日本の輸送船を狙った。輸送船は速力も遅いし、武装もない。日本は米潜水艦による輸送船の損耗により、燃料・資源・食糧が入らなくなり、体力の根源を絶たれた。三〇〇〇トン級巡洋艦を沈められるのと、物資や兵員を満載した三〇〇〇トン級運送船が沈められるのと、どちらが痛いだろうか。

潜水艦は戦術目的よりも、戦略目的に使用されるべきであった。主力艦攻撃よりもロジスティクス線破壊活動に使用されるべきであった。日本潜水艦の技術レベルは米潜水艦にもドイツ潜水艦にも劣っていなかった。とくにその主力兵器たる魚雷は、米潜水艦や独潜水艦のそれと比べ格段に優っていた。指揮官や兵員の質も決して劣っていなかった。にもかかわらず、Uボートや米潜水艦が大活躍し大きな成果を得、日本潜水艦の成果が低かったのは、戦略に誤りがあったからに他ならない。戦略の重要性を潜水艦の運用に限って考察したのが本章である。

1　日本陸・海軍の戦略論

◆マリアナ海戦で上陸用船団の保護を重視したスプルーアンスと、フィリピン沖海戦で日本の機動艦隊の撃滅を第一としたハルゼー。キングはスプルーアンスの判断を是とし、ハルゼーの動きには激怒した。

◆具体論・合理論を重視した明治の将軍と、観念論に流れ美辞麗句の多い昭和の将軍。知識欲や実行力に欠けた昭和の軍人は処世術巧みな軍人官僚にいつの間にか堕《だ》していた。


日本海軍にも、商船を潜水艦から守ることの重要性を指摘する人もいた。

新見政一中将（海兵三六期、南雲忠一と同期、井上成美の一期上）は、一九二三年（大正一二年）、第一次大戦後の英国に二年間駐在、大戦の戦史研究と戦訓調査にあたった。帰国後、海軍当局に、将来の海軍戦略・海軍軍備に関する報告書を提出したが、そのなかで、日本が長期間の近代戦を遂行するためには、海上ロジスティクスの安全確保を不可欠の要件とし、船団護衛制度の確立と、対潜水艦戦力の重視を強く指摘した。しかし、当局が新見報告書を重視したと思われる形跡は、まったくない。たとえば、商船護衛のための護衛艦の研究などあまりなされていない。駆逐艦は高速・重装備だが航続距離が短く建造費が高い。駆逐艦ほど高速・重装備でなくとも、足が長く対潜水艦戦力のある安い護衛艦を数多く造ることが対潜水艦戦に不可欠なのである。

日本海海戦の勝利の印象があまり強すぎたためか、あるいは艦隊決戦という華やかな戦闘しか考えようとしない日本人の美意識のためか、地味な商船保護の研究など誰もやりたがらないのである。新見は、第一次大戦での華々しいUボートの活躍と英国の困窮ぶりを身をもって体験し、商船護衛力の強化を進言したが、強硬・執拗に、くり返し訴えることはしなかった。自己の考えを強く主張する士官を嫌ったのが日本海軍であったし、また訴えたところで聞き入れられなかっただろう。痛い目に会わなければ真実を見ようとしないのは、人間の性でもある。

遅すぎたロジスティクス線の防御

海軍の軍令部でも、陸軍の参謀本部と同様、作戦課の発言力が大きかった。

港湾防護と通商保護を担当する第一二課は一九四二年（昭和一七年）一〇月一〇日に新設されたが、陣容は課長の下に課員が二人、兼務課員が二人、予備士官が二人。これに対し作戦課（第一課）課長のほかに本務課員だけでも一〇人近い。歴史・格式・陣容とも段違いだ。

作戦課だけは非常に充実しているが、商船保護担当の第一二課はこのありさまである。情報部門はというと、「腐れ士官の捨て所」と、自ら卑下している。

しかし、商船が米潜水艦に次々に沈められ、石油や鉄鉱石や肥料が入ってこなくなると、たちまち、困窮しはじめる。

商船護衛のための海上護衛総司令部がようやく設立されたのは、一九四三年（昭和一八年）一一月一五日。驚くべきは、その一ヵ月後の一二月一〇日まで、対潜水艦作戦専門の航空隊すら編制されていなかったことだ。対潜水艦作戦は、海上と空からの立体作戦がなければ効果が少ないことは大西洋では常識になっていたが、日本海軍では航空隊による対潜水艦作戦の研究すらできていなかった。

海上護衛司令長官には及川古志郎大将が任命された。たいへんな読書家で学問好き、温厚な人格者だ。海軍随一の学者で、対潜水艦作戦にはレーダーが不可欠なこと、護衛艦艇や航路選定の必要性など、頭の中では分かっているが、自ら動くことはしない。長官室に特製の書見台を据え、『魏源聖武記』というむずかしそうな本を悠然と読んでいる。

永野修身軍令部総長は、戦後、米海軍の質問に、

「潜水艦についてはほとんど何も知らない。もし日本の潜水艦が船舶攻撃に効果がなかったとしたら、潜水艦そのものか、またその用法に欠陥があったからにちがいない」

と、他人事のように答えている。

米海軍トップのキングや太平洋方面指揮官のニミッツは、潜水艦長のキャリアがあり、通商破壊作戦の重要なことを骨の髄まで知っている。キングは、合衆国艦隊司令長官と海軍作戦部長を兼ねていたが、対Uボート作戦専門の第一〇艦隊を創設して自らその司令官を兼ねた。毎朝、Uボートの位置を報告させ、暗号解読などの機密を守るため、第一〇艦隊の参謀長にすら情報を秘密にするくらいのリーダーシップをとった。対Uボート作戦のため、学者などを集めた研究グループもつくった。ルーズベルトも自ら護衛艦に関するアイデアを出した。

日本では米海軍のキングと同じ立場にある最高責任者の永野軍令部総長が、

「潜水艦についてはほとんど何も知らない」

というのでは、話にならなかった。

日米海軍のロジスティクス思考の違いが勝負を決した

米潜水艦によるロジスティクス線破壊が日本に与えた深刻さを表す一例を示そう。

山本五十六や嶋田繁太郎の一期下で、クラスヘッドの海軍大将だった、豊田貞次郎日本製鉄社長が自ら護衛総司令部へやって来て、大後輩の参謀たちに辞を低くして依頼した。海南島からの鉄鉱石船が着かないと、八幡製鉄所の溶鉱炉の火

を落とさなければならない、というのだ。溶鉱炉はいったん火を落とすとふたたび火を入れるのにたいへんな時間と莫大な費用がかかる。

　また、参謀本部作戦課の高級課員杉田一次大佐が、護衛総司令部へやって来て、敵艦隊との決戦のための作戦よりも、陸軍部隊の人員や食糧、弾薬・兵器を安全に戦線に送るための海上輸送保護作戦をやってくれ、と伝える。

　しかし軍令部は、最後まで敵艦隊との戦闘第一主義の考えから抜け出せなかった。

　マリアナ海戦で、スプルーアンスは上陸用船団の保護を第一とし、日本艦隊攻撃を第二としたため、上陸船団は守ったが日本艦隊を取り逃した。このため、スプルーアンスを非難する人が多かった。比島（フィリピン諸島）沖海戦で、ハルゼーは、日本機動艦隊撃滅を第一とした行動をとったため、レイテ上陸船団を丸裸にし、この上陸船団は栗田艦隊に全滅させられる寸前となった。

　キングはスプルーアンスの判断を正しいと評価した。それに対し、ハルゼーの判断の誤りに激怒したのである。

　敵艦隊への攻撃が大事か、輸送船団の保護が重要か。日本人の判断（というより美意識）は前者をとり、米国人の判断は後者をとるのである。どちらが正しいかは一概にはいえない。しかし、日本側はロジスティクス線を切断され、戦闘員の大部分が餓死し、国民も飢えで苦しみ、結局、降伏せざるを得なかった。

　一九四五年（昭和二〇年）、穀類の配給は、雑穀・いもなど代用食を一七〜一八パーセント入れても、一人あたり一日三一二グラムの維持が困難となり、さらに七月以降はその一割減すらむずかしくなった。

　生活必需品の供給量も一九三七年（昭和一二年）と比べると、綿織物は二パーセント、毛織物は一パーセント、石けん四パーセント、紙類は八パーセントであった。ゼロといってもよい供給量であった。

第一次大戦に学べなかった日本陸・海軍

　第一次大戦は、海軍関係者にとっては通商路の護衛確保の重要性を知る機会であった。第一次大戦直後、英国に渡った新見武官はそれを学んで海軍当局に報告したが、当局はまじめに検討しようとはしなかった。

　陸軍関係者にとっても、第一次大戦は想像を絶するような大火力の集中的使用や戦車の使用といった、戦術の革命的変化を知るいい機会だった。

陸軍ももちろん、戦後の英国に武官を派遣し、第一大戦の戦訓を学ばせようとした。

しかし、これらの武官がまじめに戦訓を研究し、新見海軍武官のような見識ある報告書を提出したのかどうか疑問だ。むしろ、満州で日露戦争を指揮した明治の将軍たちの方が第一次大戦の戦訓に柔軟な対応をしようとした。のちに昭和の将軍になる陸大出の若い武官たちは明治の先輩と比べ頭が固く不勉強だった。

昭和の将軍《カンリョウ》、明治の将軍《サムライ》

一斑を見て全豹を卜《ぼく》すきらいがあるかもしれないが、一例をあげてみよう。

今村均大尉（のちに大将）と本間雅晴大尉（のち中将）は英国駐在員を命ぜられ、一九一八年（大正七年）四月横浜から出帆した。太平洋を渡って米国に着き、米大陸を横断してニューヨークから英国に向かった。Uボートが活躍中のため一二隻が船団を組んで、英米の駆逐艦に護衛されての航海だ。今村らの船には米兵一〇〇〇人と従軍看護婦一五〇人も乗っていた。途中、Uボートに襲われたりしたが、無事英国に到着した。

第一次大戦中を含め、三年間滞在した。最後の八ヵ月は英軍歩兵連隊に隊付将校として勤務した。

一九二〇年（大正九年）九月に帰国すると、早速、上原勇作参謀総長から日曜日に私宅への呼び出しがあった。上原は、フランスへ五年間留学したフランス通だ。日露戦争の際は軍参謀長だった。趣味道楽はまったくなく、軍事書を読むことだけを楽しみにしている。六〇歳を過ぎて参謀総長になってからも、フランスから山のような軍事書や雑誌を取り寄せ、読んでいる。今村大尉が英国から送った報告を上原はすべて読んでいた。

上原はまず、

「近頃の駐在員の報告は、軍の運用とか戦略と外交との関係とか大きな問題ばかりを書いてくる」

と、不満を言う。

「連隊以下、特に直接敵とぶつかる中隊、小隊、分隊の指揮運用が、この世界大戦の経験で、どのように変ったか、これの研究が日本軍改善のために緊要なのだ」

とフランスの軍事書の記載事項を出し、仏軍の状況を示しつつ、英軍の編制や所持兵器について鋭い質問を浴びせてくる。

今村と同時期に帰った本間大尉も呼び出された。上原はこの大戦で出現した戦車に強い関心をもった。陸大で戦車戦術の課程をつくらなければならぬと考えていたから、本間の「戦車隊運用」の報告書に目をとめていたのだ。

「報告書で戦車隊の敵陣地帯突破の威力はわかった」

として、

「敵砲兵に対しての抵抗力、装甲の厚さが十分かどうか、近くで砲弾が炸裂したとき、戦車内の兵員への影響はどうか」

と、質問の矢を浴びせる。そうして最後に、

「君を陸大の初めての戦車戦術の教官にする。このフランス軍雑誌に英戦車隊将校の著述の要点を仏軍将校が翻訳したのが載っている。よく参考にしておけ」

と本間大尉に命じた。

今村大尉や本間大尉は現地の雑誌や関係者から聞いたことを適当に報告していたのを、世界の軍事思想に遅れまいと必死に心を砕き、遠慮のない核心を突いた質問の矢を浴びせる上原に辟易《へきえき》した。それは、明治軍人と昭和軍人の相違だったともいえよう。

明治の軍人はたいへんな読書家が多く、先進国の武器や戦術の研究には格別熱心だった。月給の大半が書店の丸善にいくという軍人が少なくなかった。その一つの例がこの上原勇作だった。大正、昭和と下るにつれ不勉強者が多くなった。今村にせよ、本間にせよ、第一次大戦への深い研究、卓見というのは見られない。英国駐在も第一次大戦の研究というよりは、軍人官僚社会での出世のための一つのポストにすぎなかったように思われるのである。

各歩兵がベルトの弾薬帯に一二〇発、背嚢《はいのう》に一二〇発、計二四〇発を持ち、野砲には二基数分一四〇発の砲弾を荷馬車で運ぶことで日露戦争は切り抜けることができた。第一次大戦によって、今後の戦争は石油と補給力が決定的要素であることが示された。問題は日本陸軍の影響力を持つ人々が、これを理解できたかどうかだった。

上原のように真剣にこの第一次大戦から学ぼうとした、明治期に日本陸軍を興した将軍もいたが、将来の軍を背負う若い軍人たちには明治の先輩のような知識欲や実行力が欠けていた。明治の軍人は明治維新を体験し、日清・日露の戦役を戦った。彼らは具体論者であり合理主義者で、サムライの倫理観を持っていた。昭和の軍人は、処世術の巧みな軍人官僚であり、内容のともなわぬ議論や観念論に終始するきらいがあった。具体的・合理的であれば火力を重視し、補給力を重視する。観念的であれば、精神論と美辞麗句の作文づくりに堕《だ》するのである。

企業においても、形容詞や副詞の多い文書が増えれば要注

意だ。

2　米海軍の対独潜水艦戦略

◆Uボートで英国のロジスティクス線切断を狙ったドイツの戦略に、米軍はキング合衆国艦隊司令長官に権限を集中させ、艦船や戦闘機、兵器開発までを統合管理して対抗した。
◆巨大国家同士の長期間にわたった戦いだけに、互いの戦術・組織・科学技術を駆使し、知力と国力の限りが尽くされた。

第二次大戦中の大西洋では、ドイツと英国、米国という巨大国家による知力と国力の限りを尽くした、壮絶な海の戦いが繰り広げられた。

双方の指導者とも軍事史に名を残す人々で、大西洋の戦いでは双方とも戦略・戦術面の誤りもなかった。両国の科学技術力や工業力にも大きな差がなく、長期間にわたる戦いであっただけに、戦術・兵器生産行政・軍事組織などにあらゆる知恵が絞り尽くされた観があった。

英のロジスティクス線の切断を狙うドイツ軍

ドイツの戦略は、英国のロジスティクス線を切断して、英国の産業を破壊させ、国民を飢えさせ、降伏を強いる、というきわめて単純明快なものだった。それは英国の最も痛い点をつくもので、戦略の基本からいっても正しかった。

巨大な英国の水上艦隊に対抗する愚を犯すことはしない。ゲーリング空軍元帥のルフトバッヘ（空軍）が、英空軍に対して旗色が悪くなると、ドイツは、デーニッツのUボート艦隊に戦力を集中させて対英戦に邁進する。

Uボートは、英国近海での商船攻撃に適したⅦC型（七九〇トン、乗組員五〇人）に絞り、ほぼ一日に一隻、総計六五九隻が建造された。

Uボートの活躍の場が北米沿岸やインド洋にまで伸びると、重油補給用のタンカー潜水艦XⅣ型や魚雷補給用魚雷運搬潜水艦ⅦF型を建造して、洋上で重油や魚雷を補給できる体制を作った。

また、潜水艦基地には英空軍の爆撃から潜水艦を守る厚いコンクリートの天井で覆ったシェルター（ブンカー）を作った。潜水艦戦略にしたがって国力と知力が傾注された。

原料輸送を海軍にたよった米国

米国は資源が豊富で、必要な食糧や工業用原材料のほとんどを国内産でまかなえる。

しかし、これらの輸送は海運にたよるところが大きい。テキサスの油田で産出する石油は、タンカーでメキシコ湾、大西洋を経由して東部の工業地帯へ運ばれる。石炭、鉄、コンクリート、木材、食糧なども、鉄道だけで運ぶことは不可能で、海上輸送が不可欠だ。ベネズエラからの石油、ギアナやブラジルからのボーキサイト、ブラジルやキューバからの砂糖はもちろん、海路を通って輸入される。

このため、米国に宣戦したヒトラーはドイツ海軍総司令官デーニッツの「パウケンシュラーグ（太鼓打ち）作戦」を認めた。五隻のUボートを米東海岸まで進出させ、米国の海上通商路の切断を狙ったのである。

舷灯をつけたまま、護衛船もなく、単独で航行している商船はUボートにとって狼の前の羊のようなものだった。魚雷を節約するため浮上しての搭載砲攻撃さえ、効果を発揮した。

商船の喪失が原材料や食糧補給に大きな影響を与えることはすぐに理解できるが、軍事面に限ってみると、どんな影響となるのだろうか。仮に、六〇〇〇トン級貨物船二隻と三〇〇〇トン級のタンカー一隻がUボートに撃沈されたとすると、人的損害を除いて次のようなダメージを受ける。戦車四二台、六インチ砲八門、二五ポンド砲八八門、二ポンド砲四〇門、装甲車二四台、トラック五〇台、弾薬五二一〇トン、小銃六〇〇挺、戦車補給品四二八トン、軍需品二〇〇〇トン、ガソリン一〇〇〇タンク分。この三隻の船が目的地に着いて戦力化した場合、この兵力の壊滅には三〇〇〇回の成功裏の航空機爆撃が必要になる。

人的被害も甚大だ。小火器を携帯した歩兵二〇〇〇人を載せた六〇〇〇トンの輸送船が夜間一発の魚雷で仕止められると、一個連隊の兵力が一瞬にして海の藻屑と消えるのだ。

一目おかれた戦略家のキング

Uボートの跳梁《ちょうりょう》にどう対処するか。対Uボート作戦の遂行を指導し、これに勝利を収めたのは、米海軍のトップ、アーネスト・J・キングである。

頑固、情容赦のなさ、木で鼻をくくったような態度、かんしゃく持ち、英海軍嫌い、秘密主義者、酒と女好き、傲岸不遜、人間関係処理のまずさ、偏執狂と悪評が多く、好き嫌いの激しいこの提督は戦艦艦長という、当時の出世必須コースのキャリアがなく、平時であればとてもトップになれない人物だった。

ただ、後から考えれば、彼は戦時の米海軍をリードするに最もふさわしいキャリアを踏んでいた。青年士官時代(第一次世界大戦)大西洋艦隊の参謀として幕僚勤務をし、艦隊を動かす大局眼を養っている。その後、潜水艦長や潜水艦隊基地司令として潜水艦戦術を学んだ。

さらに、航空関係に進み、パイロットの資格を得て、空母艦長や、航空艦隊司令官のキャリアもある。海軍大学校では対日戦の研究に励んだ。

第二次大戦は、空母や潜水艦が主力となった戦争だっただけに、第二次大戦の海の指導者としてキングのキャリアは最も適したものであったといえる。しかも、キングは戦史を読むことをとくに好み、戦略家としては誰もが一目おいていた。

米国海軍の武官のトップポストは、①合衆国艦隊司令長官(Commander in Chief of U.S. Fleet)、②海軍作戦部長(Chief of Naval Operations)の二つがある。両者の職域は重なるところがあるが、①は大統領直轄、②は海軍長官の指揮下にある。

①と②の上下関係ははっきりしておらず、米海軍を代表して米英連合参謀長会議のメンバーとなるのは①か②か?この問題をルーズベルト大統領はキングに①、②の両ポストを兼務させることによって解決した。

ソ連を重視してドイツ軍を釘づけ

米国の戦略の第一は、英国援助である。英国がダウンすれば、米国は一国でドイツと日本にたち向かわねばならない。キングの戦略の特色は、ソ連の重視だった。巨大な人的資源を持つソ連軍の存在によってドイツ軍は兵力の大部分を東部戦線に釘づけにされている。ソ連がダウンすれば、ドイツ軍の兵力は西ヨーロッパからアフリカへと向かい、英国は風前の灯し火となる。シベリアのソ連軍の重圧がなくなれば、満州の日本軍は太平洋へと向かい、太平洋には強固な日本軍陣地ができるだろう。

その英国とソ連への武器、弾薬、食糧、燃料への補給ルートがUボートにより切断されつつある。キングは対Uボート作戦を専任とする第一〇艦隊を創設し、自ら司令官を兼務し、その指導にあたった。大西洋艦隊のイニガソル司令官は弱った。率下の第一〇艦隊の司令官は自分の上司の合衆国艦隊司令長官キングであるのだからそれも無理はない。

キングは第一〇艦隊を作って、①護衛船団の組織・航路・護衛を統合管理し、②対Uボート作戦のための艦船や航空機の指揮の調整を行い、③Uボート情報を収集、解読、配布、教育・訓練し、④対Uボート作戦のための兵器技術の開発の統合管理をはかったのだった。

米英首脳による一九四三年一月のカサブランカ会議の主要議題はUボート問題だった。キングは対Uボート作戦を次のように分析した。

①Uボート部品工場の爆撃
②Uボート造船所の爆撃
③Uボート基地の爆撃
④海上でのUボート攻撃と撃沈
⑤護衛船団方式の徹底と護衛艦船の充実

キングは②が一番効率がよいものと考え、英空軍には①、②、③の実行を強く求めた。

互いの知恵を比べ合った米独海軍

④の海上でのUボートとの格闘は一見華やかだが、戦略家からみると労が多く、効が少ない作戦だ。

米軍の戦術は、超音波を水中に発信して物体の位置をとらえる「アスディック」でUボートを捕捉する。そうして「ヘッジホッグ」と呼ばれた新兵器で、二四発の小型爆雷を投網をかけるようにUボートの周辺に一斉に発射する、というものだった。

水中測定器で測定されていると知ったUボートは、夜間に浮上して船団を狙う。Uボートの船体はほとんど水面下にあるから、護衛艦の見張りに発見されにくい。

すると米英軍は航空機と水上艦のレーダーで夜間Uボートを捕捉し、照明弾を使ってUボートを砲と爆雷で攻撃する。

レーダーで夜間攻撃がむずかしくなると、Uボートは「ルーデルタクティーク」という狼戦術をとるようになる。群を作って互いに連絡をとりながら、数日間昼夜にわたって潜行攻撃をする。護衛艦が一隻のUボートを攻撃している間に他のUボートは手薄になったところを狙う。

一九四二年春、チュニジアでドイツ軍は英軍のレーダーを捕獲した。Uボートは、このレーダーの発信波を探知する電波探知機を載せ、英米軍の航空機や艦船からのレーダー発信を探知するとただちに潜航した。まさに知恵と知恵の比べ合いである。

敵を知ることは戦の基本だ。英米軍はドイツ軍の暗号解読に全力を注いだ。U五〇五号捕獲による暗号書の入手などにより、情報部はUボートの暗号を解読していた。しかし、解読という事実の秘密を守ることにキングはきわめて気を遣い、第一〇艦隊参謀長にすら情報を制限した。キングは毎朝九時、対潜情報参謀にUボートの位置を報告させることを日課としていた。

カサブランカ会議の直後、ワシントンに米、英、加の潜水艦作戦の専門家が極秘裏に集まり、対Uボート作戦の戦術の検討会が持たれた。その成果の一つが、小型護衛空母と護衛艦の共同による「ハンター・キラー・グループ」戦術だった。

ハンター・キラー・グループ戦略

Uボートの無線連絡は英米軍の複数の陸上の方位測定所で探知される。これで場所を割り出すと、ただちに空母から対潜航空機が飛び出して、マイクロフォンとラジオ発信機を仕込んだソノ・ブイを四〜五個水面に投下し、Uボートの音を探知する。探知点に護衛艦が向かって爆雷の雨を降らす。

空母は小型監視機の発艦着艦だけだから、小型・低速でよい。大型攻撃空母に比べると格段に安く建造できる。護衛艦も、駆逐艦のような高速と重装備が不要だから安価・大量建造が可能だ。

空母はカサブランカ型（七八〇〇トン、一九ノット、航空機二八機搭載）が一九四三年四月から翌年六月にかけ五〇隻建造された。護衛艦は一〇〇〇トンから一五〇〇トン、二一ノットのDE型がやはり一九四三年四月から建造され、その数は四九八隻に及んだ。

沿岸地帯ではレーダー搭載の中型長距離警戒機が、監視と爆撃攻撃を実行した。

空からのレーダー監視により夜間の浮上がむずかしくなると、ドイツ海軍は水中でディーゼル機関を使用できるシュノーケル装置のついたUボートを開発した。

対Uボート作戦には民間の科学者グループも動員された。OR（オペレーションズ・リサーチ）の原理は、この対潜水艦作戦研究がそもそもの始まりであった。

①Uボート基地や造船所の空爆、②海上ではUボートの暗

号解読、多量の護衛空母群と護衛艦によるハンター・キラー・グループの活躍、③トップ自らの対Uボート作戦の指導ということで、ついには米英海軍はUボートに勝つ。①、②も大きかったが、③の理由も大きかった。

潜水艦のキャリアを持つトップが、自ら二階級下の対潜水艦作戦艦隊の長として作戦指導した米海軍に対し、日本海軍トップの永野修身軍令部総長は一度として前線を訪れ将兵を激励することもなく、部下の努力の上にあぐらをかき、会議ではほとんど居眠りをしていた。

戦後、永野軍令部総長は米軍の調査団に、

「潜水艦のことはほとんど知りませんでした」

と答え、調査団のメンバーを唖然とさせた。

永野総長は、魁偉な容貌で兵学校を一番で卒業したほどの秀才だった。ハーバード大学の語学学生として、また、ワシントンの日本大使館付武官として五年間、米国生活を体験した。

壮年以降は、兵学校校長、軍令部次長、横須賀鎮守府長官、ロンドン軍縮会議全権委員、海軍大臣、連合艦隊司令長官、軍令部総長と、組織のピラミッドの陽のあたるところばかりを登りつめている間に徐々に気迫と精力を消耗し尽くして、往年の駿馬も老いて駑馬になった観が強い人だった。

太平洋戦争の主戦力となった航空関係や潜水艦の経験がなく、総長になってからもこれを研究しようという気力を失っていた。

「(軍令部の) 課長級かよく勉強しているからオレは文句ないよ」

といって、下からの書類に印を押した。軍令部総長時代は、壮年時代の精力を消耗し尽くした残軀の観があった。会議での居眠りは有名だった。直系の部下だった富岡定俊作戦課長は、

「総長はイニシアティブを持ち、気力、体力が必要だ。ロボットでは駄目だ。永野さんは若さが足りなかった」

といった。

若さといってもそれは物理的年齢ではない。永野は、キングより二歳年下だった。いずれにせよ、国家の有事や厳しい競争下の企業では、そのトップが気力・体力ともに充実していることが何よりも必要である。この点でキングと永野は対照的であった。

3　ドイツ海軍のUボート戦略

◆Uボート艦長、ウェッジンゲンはわずか三時間で三隻の英主力艦を沈めた。潜水艦は商船だけでなく、対戦艦戦にも有効であることを実証した。これに目をつけたのは日本海軍だ。
◆Uボートは意外に小さい。日本の潜水艦が二〇〇〇トン・レベルなのに、Uボートは七〇〇トン・レベルだ。ドイツ海軍のUボート戦略は、建造・運用・補修・整備・乗組員育成とすべてにわたってドイツ式合理性にあふれていた。

Uボートの艦長たち

第一次・第二次両大戦は、数多くのUボートのエースを生んだ。第一次大戦のUボートのエースは、U35号艦長のフォン・アーノルド・ペリエール中佐だ。全部で四〇万トンを超す連合軍の商船を沈め、一九一六年には一回の出撃航海（二四日間）で五四隻（九万一五〇トン）を沈めている。この記録は二つともまだ破られていない。その他、地中海を中心に三八万トンの連合国商船を沈めたU39号艦長のウォルター・フォルストマン少佐がいる。第二次大戦において、ドイツUボートを率いたデーニッツ元師は、第一次大戦中フォルストマン艦長の下でU39号に乗っていたこともある。

開戦後一年足らずで戦死したので撃沈数ではアーノルドやフォルストマンに劣るが、わずか一日で英巡洋戦艦三隻を沈めたU9号艦長のオットー・ウェッジングン大尉も有名だ。一九一四年九月二二日、午前七時二〇分、U9号はI〇ノットで航行中の英艦「アブーカ」に魚雷発射。続いて沈没しつつある「アブーカ」の乗組員を救助していた英艦「ホーグ」の左舷三五〇メートルから七時五五分、二本の魚雷を発射。さらに近くを航行中の英艦「クレッシー」に八時二〇分、距離一〇〇〇メートルから魚雷二本発射。一本は命中したが、決定的でないとみたウェッジンゲン艦長は大胆にも距離五〇〇メートルまで近づき魚雷一本を発射し、これを撃沈させた。これらの英艦はいずれも一万トンを超す巡洋戦艦である。

ウェッジングン艦長は、英艦隊を発見してから、わずか三時間で三隻の主力艦を沈めたわけだ。潜水艦が商船だけでなく、主力艦に対しても恐るべき力を持っていることを実証したのはウェッジンゲン大尉で、これは日本海軍の潜水艦作戦に大きな影響を与えた。

日本海軍は、太平洋を西進してくる優勢な米主力艦を潜水艦によって漸減させ、日米主力艦の戦力がほぼ拮抗するようになった段階で決戦を挑むという戦術を考えつく。

第二次大戦のUボートの戦闘は、開戦日の一九三九年九月三日、U30号（艦長レンプ少佐）が英商船アセニア号を撃沈したことに始まり、一九四五年三月七日、英空軍がノルウェーの西海岸でU３２０号を撃沈した日まで続いた。その間、Uボートは二八〇〇隻（一四〇〇万トン）の敵商船を沈めた。この戦争のUボートのエースは、一八ヵ月で二五万トンの敵商船を沈めたオットー・クレッチマーだろう。開戦一八ヵ月目、彼の指揮するUボートは英艦の攻撃を受け、「物静《サイレント》かなオットー」と呼ばれた冷静沈着なクレッチマー中佐は英海軍の捕虜となった。また、スコットランドの英海軍根拠地スカッパフロー沖で英戦艦「ロイヤル・オーク」に魚雷三発を命中させ、乗組員一二〇〇人中八三三人を艦と道連れにさせたU47号のギュンター・プリエン少佐もいる。プリエンは一九四一年三月七日、スカッパフローで爆雷攻撃を受け、艦と運命をともにした。

その他、撃沈商船数でクレッチマーに続くのは、ウォルフガング・リュート大佐だ。五〇隻（二三万トン）を沈めたリュートは、戦争中一六回出撃、二〇三日間海上にあった潜水艦乗りである。一九四四年八月、三〇歳という異例の若さで大佐に進級し、ドイツ海軍兵学校の校長となり、敗戦直後事故で死亡した。

第二次大戦では、一一五〇隻のUボートが戦った。そのうち七七九隻が撃沈され、二隻が連合軍に捕獲された。Uボート乗組員三万九〇〇〇人中二万八〇〇〇人が戦死し、五〇〇〇人が捕虜となった。一九四四年六月、連合軍がノルマンディーに上陸した頃になると、Uボートは六八隻に激減して、洋上にあったUボートは三隻にすぎなかった。この三隻のうちの一隻U９５３のウェルナー艦長は、戦後米国に渡り、Uボートの活躍を記述した『鉄の棺《かん》』という本を書いている。

ドイツ海軍流実地教育

ドイツ海軍《ライヒスマリーネ》の士官になるためには、一九歳から二〇歳の時点で、士官候補生適任の試験を受ける。第二次大戦前の一九三三年四月、士官候補生として入隊した者の一例をあげてみよう。

一六〇人の合格者は、まず、デンマーク東南のバルト海に浮かぶ小島デンホルム島にある海兵団に入り三ヵ月間、軍人としての基本訓練を受ける。これが終わるとただちに帆船に乗り込んで海の男としての基礎を三ヵ月間学ぶ。この帆船による基礎訓練のあとは、練習船による八ヵ月間の世界一周の巡航である。

こうして、まず三ヵ月の基礎訓練、一一ヵ月の海上訓練を受けて、陸上の兵学校《マリーネシューレ》で一〇ヵ月間学ぶ。

マリーネシューレと呼ばれる兵学校は、大海軍国を夢見たヴィルヘルム二世によって、ユトランド半島のつけ根の東側にあるフレンスブルク港近くの水路をのぞむ高台に一九一〇年に建設された。赤レンガの壮大な建物のため、生徒たちは、「赤い城」と呼んだが、内部はドイツの海軍史に関わる絵画や大砲、著名軍人の肖像画などで、さながら美術館のようである。ちなみに、ヴィルヘルム二世は、「シーパワーの隆昌が国の繁栄の基本である」とする米海軍マハン大佐の著作『海上権力史論』が発行されるや、これをむさぼるように読み、そのドイツ語訳本を全ドイツ艦船と全ドイツ公立図書館に備えさせた皇帝だ。この皇帝をバックに、海軍大臣のティルピッツ元帥がドイツ海軍の大増強に専念した。兵学校では、戦略・戦術・シーマンシップ・航海術・機関工学・砲術・海軍史を学ぶほか、各種礼儀作法をたたき込まれ、乗馬・剣術・ライフル射撃のイロハを修得する。この兵学校課程を修了すると、水雷学校・対潜学校・沿岸砲学校などの高等課程コースに分かれて入学する。期間は八ヵ月。これが終わると少尉候補生である。少尉候補生として一〇ヵ月間の艦内勤務を勤めあげると晴れて少尉任官となる。

日本海軍や米海軍が、三年間から四年間、まず江田島やアナポリスの陸上施設で訓練や基礎学問を積んでから練習航海に出すのと異なり、ドイツ海軍はただちに海上訓練と練習航海につかせ、その後、陸上施設で士官としての教養を身につけさせるやり方である。ドイツ海軍での兵学校の修得期間は、一〇ヵ月にすぎない。

ドイツ軍がいかにUボート戦略に重きをおいたか

一九三三年四月に入隊した一六〇人はその後、試験や術科にパスできない者が四分の一ほどいて、一九三六年一〇月少尉に任官できた者は一一五人だった。潜水艦の艦長を目指す者は少尉任官から四ヵ月後、Uボート艦隊に入隊した。

一九三七年四月、キール軍港の南、リューベック湾にのぞむノイシュタットにある潜水艦学校に入る。九ヵ月間の訓練課程を終えると、水雷学校での四ヵ月の高等課程を受ける。この両課程を修了した一九三八年六月、中尉進級。先任将校としてUボートに乗艦、四ヵ月後に副長となった。一般に副長は航海と水雷を担当したが、これは艦長になるためのポストである。

Uボートは\ⅦC型にしぼって大量生産が行われ、六五九隻建造された。造船所はキールにあるゲルマニア造船所であったが、やや大型のⅨ型はウェーザー川上流のブレーメンにあるデシマーク造船所で建造された。ⅦC型は水上排水量七九〇トン、水上速力一七ノット、水中速力七・六ノット、魚雷二一本を積んでいる。乗組員は五〇人、一般に士官四人（艦長、副長、先任士官、次席士官）、准士官三人、下士官一四人、他は水兵。

艦長就任にはもちろん早い遅いがあるが、一九三三年四月入隊のこのクラスのリュート大佐の例では、一九三九年一二月に艦長になっている。少尉任官から三年二ヵ月後だ。

艦長辞令は、新造艦の就航以前に通知されることが多い。造船所のあるキールに赴任し、艦を受け取る。最盛期には毎日一隻が進水するような状況だから、乗組員の三分の一は実戦の経験がなかった。二〇日間くらい試運転を行う。試運転がすむとダンチヒ湾の西部にあるゴーテンハーフェンに司令部をおく第二七潜水艦隊に赴任する。この艦隊は新造艦の戦術訓練が担当だ。約二〇日間、魚雷試験や、艦の運航、急速潜航などの訓練を行う。これが終わると、ダンチヒ東北のメーメルに司令部をおく第二四・第二五潜水艦隊所属となる。前者は主として艦長のための魚雷発射訓練を目的とし、後者は乗組員全体のための魚雷発射習得を目的とする。期間は両者合わせて一ヵ月間。約三ヵ月間の訓練で新米艦長と潜水艦勤務が初めてという多くの乗組員を乗せた新造艦はキール軍港に帰ってくる。

キールからは、ユトランド半島のつけ根を横断するキール運河を利用して、エルベ河口クックスハーフェンに出る。ここからは西航してウェーザー河口のブレーメンハーフェンを経て、ヴィルヘルムスハーフェン軍港に出る。ここが、北海を北上して大西洋に出る潜水艦基地だ。

フランス全土がドイツ軍に占領されてからは、ビスケー湾にのぞむフランスの海港がUボートの前線基地となった。北からブレスト、ロリアン、サンナゼール、ラロシェル、ボルドーの海港に、それぞれ第九、第二、第七、第三、第一二の潜水艦隊司令部がおかれた。いずれの基地にも、英空軍の爆撃からUボートを守るコンクリートのシェルター（ブンカー）が建設された。Uボート艦隊は、安全なバルト海に訓練基地を設置し、建造・修理基地としてはドイツ本土北部のキールやブレーメンを使い、作戦基地としてフランスのビスケー湾にのぞむ海港を使用した。

Uボートの光と影

Uボートは、米国と英国を結ぶ大動脈の北大西洋で活躍したのはもちろんだが、アフリカ南端を回ってインド洋の連合国航路の切断もはかった。遠距離となり燃料問題が生じるため、重油補給用のタンカー潜水艦（XIV型）や魚雷補給用潜水艦（VIIF型）を建造して、洋上で燃料や魚雷の補充ができるようにした。

インド洋では、日本海軍に捕獲された英タンカーのシャーロッテ・シュリーマン号がシンガポールを基地としてUボート給油艦となって活躍した。従来は二カ月間の海上航海であったが、洋上で給油を受けられるようになると半年間の海上作戦が可能となった。

貴重な魚雷を節約するため、搭載の一〇五ミリ砲を浮上して使用することもあった。

五〇〇〇トン級以上の商船の場合、魚雷一発を命中させ、一〇五ミリ砲を一〇〇発前後発射し、五〇～六〇発くらい命中させると沈む。二〇ミリ対空砲で操航室や無線室を連射することもあった。

艦の出航準備には、だいたい四日間かかった。二一本の魚雷を積み込むのに一日、八週間分の食糧と弾薬を積み込むのに一日(艦内の空間という空間には食糧が積み込まれる。五〇人の乗組員にトイレは二つしかないが、このトイレの一つも食糧置場となる)、それから燃料の重油積み込みに一日、野菜・卵・パン・真水の積み込みに一日かかる。

狭苦しい艦内での通常作戦航海の二カ月間は、乗組員にたいへんなストレスを与える。乗組員のストレスを和らげ士気を維持するのは、艦長の重要な任務だった。乗組員を喜ばせたのは、行進曲や教会のコーラスといったレコードだった。歌・チェス・詩のコンテストがあり、艦内新聞も発行された。艦長によるドイツの歴史や政治のレクチャーもあった。

開戦から二年間は、月にほぼ一〇隻のUボートが進水し、三年目になると毎日一隻ずつ進水するペースとなった。艦長や乗組員は、一朝一夕では育てられない。艦長が部下を十分掌握できず、艦を失うこともあった。その一例として、U570号のハンス・ラームロウ艦長がいる。彼は将来を期待された青年将校だったが、艦長になるのが早すぎた。兵をコントロールし、士官をうまく扱うことができず、一九四一年八月二七日、アイスランド沖で英空軍機と水上艦艇の攻撃を受けたU570号はパニックに陥り、ほとんど無抵抗で降伏した。そのためラームロウは生涯を不名誉な汚名の中で生きなければならなかった。

艦が帰港するときは、艦長が撃沈した船の数を示す白いペナントがマストに掲げられた。撃沈数が一〇万トンを超えた艦長には鉄十字勲章が与えられた。二〇万トンを超すと樫葉勲章が授与された。さらにその上には剣付樫葉勲章があり、最高の勲章はダイヤモンド・剣付樫葉勲章で、これを海軍で授与されたのはリュート艦長を含め二人だけである。

現実主義者集団、ドイツ海軍

一九四三年（昭和一八年）一二月、マレー半島西岸のペナンに停泊中のUボートを見学した日本海軍機関科のある少尉は次のような感想をもった。

アフリカ南端からやってきたのだから大きな艦と思っていたが、意外に小さい。日本潜水艦は艦隊決戦用につくられているので二〇〇〇トンから二五〇〇トンクラスなのに対して、Uボートはいずれも七〇〇トンクラスだ。

整備作業は合理的だ。可動部分はグリースや潤滑油が十分で、機能は万全だが、他の部分はやりっ放しだ。日本海軍はすべてをピカピカに磨き上げるが、Uボートは必要なところだけをきっちりやり、そうでない部門に精力は割かない。その分だけ体力の充実や精神面のリラックスに向けているようだ、と感じた。日本海軍は陸軍と比べて合理的だといわれた。陸軍では演習などで些細な部分でも紛失すると全員で時間を無視して探索させるようなこともやった。そんなものは海軍では隊内の売店で買ってすむことだった。そのような海軍から見てもドイツ海軍はそれ以上に合理的なように見えたのである。

ドイツ式合理性が徹底されたのが、ドイツ海軍のUボート戦略だった。その建造・運用・補修・整備・乗組員の育成など、すべてにドイツ式合理性があふれていた。

4　米海軍の対日潜水艦戦略——輸送船の攻撃に的を絞った米軍

◆潜水艦のキャリアを持つトップや幕僚が多かっただけに、米海軍は近代戦における潜水艦の重要性を知り抜いていた。
◆ドイツのUボートに手を焼いた経験を生かし、米海軍は潜水艦により日本のロジスティクス線を破壊することを基本戦略の一つとした。米潜水艦に沈められた日本の商船は大戦を通じて五〇〇隻にのぼった。

太平洋戦争が始まる前に、日本海軍内では次のような会話がされていた。

「米海軍の潜水艦は大したことはないだろう。贅沢に慣れた米国人は劣悪な環境の潜水艦勤務に耐えられまい」。

ところがどうして、米海軍のトップや幕僚には潜水艦乗りの経験者が揃っていた。

合衆国艦隊司令長官だったキングは、潜水艦長や潜水艦隊司令、潜水艦基地司令の経験がある。

キングの参謀長のエドワーズ、作戦参謀のローも、その後任のクックも、潜水艦のキャリアを持っていた。太平洋艦隊司令官のニミッツは青年士官時代、もっぱら潜水艦用エンジンの担当士官としてキャリアを積んだ。この研究のためドイツへ留学したこともあるし、高給でディーゼルエンジン・メーカーに引き抜かれそうになったこともある。潜水艦の艦長も経験した。真珠湾の潜水艦基地創設にも携わった。

米海軍トップに多い潜水艦経験者

高級士官の多くは自分の息子を海軍士官にしたが、彼らの多くは潜水艦乗りになった。

真珠湾奇襲時の合衆国艦隊司令長官だったキンメルの長男マンニング、次男のトーマスも潜水艦乗りだったが、兄マンニングが潜水艦の艦長として戦死するとトーマスはキング直々の命令で潜水艦乗りから陸上勤務に移らされた。キングの心遣いだったが、トーマスは戦後、ふたたび潜水艦に乗り、艦長となっている。空母群を率いて太平洋を暴れたマッケーン中将の息子も潜水艦の艦長として活躍し、戦後、海軍大将に昇進した。

ちなみに、ルーズベルトの三男も海軍士官になったし、キ

◆米海軍の高級士官の息子の多くは潜水艦乗りになった

本人	父	艦名(艦長としての)	アナポリス卒業年
チェスター・ニミッツJr.	チェスター・ニミッツ 太平洋艦隊司令官	ハッドー	1936年
エドワード・スプルーアンス	レイモント・スプルーアンス 第5艦隊司令官	ライオンフィッシュ	1937年
マンニング・キンメル	ハズバンド・キンメル 合衆国艦隊司令長官	ホノマロ	1935年
ジョン・マッケーンJr.	ジョン・マッケーン 高速機動艦隊司令官(第3艦隊)	デントゥーダ	1931年

ングの一人息子も海軍士官だった。ハルゼーの息子は海軍士官を熱望していたが、身体条件でなれなかった。

一方、日本海軍の指導層で潜水艦のキャリアを持った人はほとんどいなかった。永野軍令部総長も山本連合艦隊長官もそうだ。島田海相は短期間潜水艦学校長だったことがあるが、連合艦隊司令部には潜水艦専任の参謀はいなかった。連合艦隊司令部に情報参謀と潜水艦参謀が置かれなかったことは、日本海軍の両部門軽視を示す証拠だろう。

潜水艦が実用艦として使用されはじめた頃は、沿岸や港湾の防御兵器、あるいは沿岸近くに来た敵艦への奇襲攻撃兵器として考えられていた。それが、潜水艦の性能が高まるにつれ、水上艦隊の決戦に協力する補助兵器と考えられるようになった。

だが、第一次大戦を契機にその利用方法は大きく変わった。潜水艦が商船を狙うと途方もない力を発揮する。世界最大の海軍国の英国が海上ロジスティクス線の確保ができず、英国民は塗炭の苦しみをなめ、手を上げる寸前までいった。英国をUボートの攻撃から救ったのは、当時の首相ロイド・ジョージだった。第一次大戦後、労働党党首のハロルド・ウィルソンは次のようにいった。

「我々はロイド・ジョージの欠点はいくらでも探せる。彼ほどアラ探しをして簡単に見つかる人はいない。しかし、すべてを許す。何となれば、彼は護衛船団方式を考えて実行したからだ。これがなければ、あと三ヵ月で英国は崩れていただろう」。

英国は、第一次大戦の四年間に七八〇万トンの商船をUボートによって沈められている。

ロイド・ジョージは、渋る海軍を強引に説得して海上輸送の護衛船団方式を実現し、商船隊の崩壊を防いだのである。

Uボートの活躍に学ぶ

第一次大戦当時、ルーズベルト大統領は海軍次官で、キングは大西洋艦隊の参謀だった。Uボートの活躍は骨身にしみて知っている。この第一次大戦に日本は英米側に立ってドイツと戦ったが、しょせんヨーロッパの遠地での戦争だった。陸海軍とも、この第一次大戦の総力戦について真剣に学ぼうとしなかった。米国が四〇年間にわたって練りあげた対日戦争計画上封鎖して降伏を強いる、というもので、これは四〇年間、終始変わらなかった。日本は石油や原材料や食糧の多くを海上にたよっている。このロジスティクス線が破壊されれば、日本は手を上げざるを得ない。

開戦直後、合衆国艦隊司令長官キングと太平洋艦隊司令官ニミッツがたてた対日戦の重要な戦略の一つは、潜水艦による日本のロジスティクス線の破壊だった。キングとニミッツとの間に戦略や戦術に関して、考えの相違も少なくなかったが、潜水艦作戦に関しては意見の相違はなかった。二人とも潜水艦乗りだったし、海軍大学校でオレンジ計画を中心とする対日海上封鎖作戦の研究に打ち込んだ。二人の戦略の基本にはこの時の研究があった。

日本軍の暗号を解読して、太平洋に散らばっている潜水艦を指導し、日本の商船を襲わせる。商船一隻を沈めれば、その分だけ日本の産業力を弱らせ、各地の日本軍基地の補給を困難にさせる。じわじわと日本の力を失わせていく作戦だ。

一九四三年九月頃を境として、太平洋方面での米国の攻撃態勢は急速に強化されはじめた。米英海軍による大西洋でのUボート制圧が確定的となり、連合国の船舶保有量が回復すると同時に、工業製品の生産量が急カーブで上昇しはじめた。一九四三年九月には、太平洋方面での米潜水艦数は一二〇隻に増え、この月の日本船舶の喪失は四五隻、一八万トンに達した。

日本海軍も前年の一〇月軍令部に、港湾防備と通商保護を担当する第一二課を新設して対策を練った。その後の船舶の喪失の重要さに気づいて、一九四三年一一月には海上護衛総司令部を設けたが、なかなか効果は上がらなかった。攻撃力の偏重の思想の中で育った海軍士官は、商船護衛の仕事など片手間仕事ぐらいにしか考えていなかった。海軍当局も、海上護衛関係に人を割かなかった。海軍の大部分の者が、華やかな航空戦や軍艦同士の海上戦しか本気になって考えなかった。

大戦中に五〇〇隻の商船が沈む

結局、米潜水艦によって沈められた日本の商船は大戦を通じて五〇〇隻にのぼった。その都度、貴重な原材料、軍需品、マンパワーが失われていった。

終戦時、作戦部長の富岡定俊は、開戦前、海軍大学校の戦略教官だった。富岡は第一次大戦などの教訓から、国民の食糧配給量が平時の半分になれば必ず敗ける、と結論づけていた。終戦直前の日本の食糧事情も、主食は雑穀・イモ類の代用食一七〜一八パーセントを含んでも、日量三一二グラムの維持さえ困難となり、一九四五年七月以降、さらに一割の削減を余儀なくされた。

石油の損失も多量だった。開戦時から一九四五年八月までの日本の石油消費量の実績は、年平均で重油三五〇万キロリットル、航空燃料が三二万キロリットル、合計三八二万キロリットルだった。だから、年間に三八〇万キロリットルはどうしても南方油田から輸送してこなければならない。ところが実際に輸入できたのは、一九四二年度一六〇万キロリットル、一九四三年度二四〇万キロリットル、一九四四年度八〇万キロリットルだった（米戦略爆撃調査団調べ）。

一九四五年一月、タンカー「せりや丸」が米潜水艦の目をかすめ一万七〇〇〇キロリットルの航空揮発油を積んで門司に帰港した時には、陸軍の参謀本部船舶課から海上護衛総司令部参謀室に、当時貴重だった国産ウイスキーが一本届けられた。

いかに当時の日本軍部が米国の潜水艦攻撃に手を焼いていたかを示すエピソードである。

米国は建造する潜水艦をガトー級に絞った。排水量一五〇〇トン、水上速力二〇ノット、航続距離一万マイル。商船をねらうという戦術がはっきりしているから、高速の必要はない。ただ太平洋は広いから航続力は長くする必要がある。各種の潜水艦を作った日本の造艦技師の目から見れば平凡きわまりない艦である。乗組員は士官七人、下士官・兵七〇人。ドイツのUボートの標準型ともいえるⅦ型の六五〇トン、乗組員が五〇人に比べて大きいのは、広い太平洋での行動ということで、燃料や飲料水、食糧のスペースが大きくなっているからである。

建造は、ポーツマスとサンフランシスコの海軍工廠に加え三つの民間造船所で行われた。この三つの民間造船所の一つはミシガン湖畔にあった。ここで造られた潜水艦は吃水の浅い浮ドック型の運搬船に乗せられ、ミシシッピー川を下ってニューオリンズに出た。

ミシシッピー川を潜水艦が下る

五大湖の造船所で作って、ミシシッピー川を利用して輸送する、というのは、日本人にとって突飛な考えだが、こうした斬新なことを考え出すのが米国人である。

潜水艦の武器は魚雷だ。開戦早々、フィリピンのカビテ軍港に貯えていた虎の子の魚雷二三三本が日本軍の空襲でふっ飛んだ。魚雷は一九四一年当時、一本八〇〇〇ドルから一万ドルもした高価な武器である。

ニューポートの魚雷工廠が唯一の工場だが、ここは海軍省兵備局の厳重な支配下にあって、実際に魚雷を使用する潜水艦乗りの意見をてんで聞こうとしない。開戦後かなりの期間、ここの不良魚雷に潜水艦乗りは苦しめられた。航行深度が設定した深度より平均一〇フィートも深くなったり、あたっても爆発しない魚雷が多かった。

艦を動かす潜水艦乗りの訓練は、ニューロンドンの潜水艦学校で行った。キングはかつて、ここの潜水艦隊司令をやったこともある。潜水艦乗りはパイロットと同様、危険手当てがつくので、一般の水上艦や陸上勤務に比べ五割方給与が高い。士官も一般艦より昇進が早い。

士官の夢は艦長になることだ。潜水艦だと小型艦ではあるが早く艦長になれる。ちなみに、一九四四年当時の潜水艦長名簿を見ると、アナポリスを一九三五年から一九三八年に卒業した者が多い。卒業して六年から九年で艦長になれるのは潜水艦くらいだった。

潜水艦の活躍は一切公表せず

キングとニミッツは太平洋での米潜水艦の活躍を一切公表しない、秘密に徹する、という基本方針を立てていた。

大西洋でUボートに勝ったのは、Uボートの性能や運用に関して米側がより多くの情報を得ていたからだと、キングは考えていた。米潜水艦に関する情報を日本が得れば、米潜水艦もUボートと同じ運命をたどる恐れがある。

日本商船を効率よく沈めていくためには、米潜水艦作戦の運用を絶対に公にできなかった。米潜水艦の数や装備や作戦の特色に関する情報は少しでも日本軍に知られてはならなかった。

米潜水艦は、一九四二年にはレーダーを搭載しはじめ、一九四三年になると、全艦にこれが搭載されていた。

日本輸送船の船長は、

「敵の潜水艦は水上を走る時、帆をかけるようです」

と報告している。船長が帆と見たのは、実はレーダーだった。レーダーで目標を探すようになると、潜水艦の威力は何倍にも拡大する。

魚雷の性能もよくなり、開戦初頭は二〇パーセントだった米潜水艦の魚雷の命中爆発率は、一九四四年になると四五パーセントに向上した。

しかも、潜水艦三隻一組による、ウルフ・パック（狼群）攻撃の効果が大きかった。大西洋での連合国の船団は、五〇隻を超える大規模なものだったので、一五隻以上のUボートが一組となって襲ったが、太平洋での日本船団は、せいぜい一〇～一五隻だったから、三隻で十分だったのだろう。

米潜水艦は商船ばかりでなく、日本の多数の主力艦も葬った。

一九四四年六月一九日のマリアナ沖海戦では、旗艦の空母「大鳳」、歴戦の空母「翔鶴」（いずれも三万トンの大型空母）を沈め、一一月二一日には、戦艦「金剛」（三万一〇〇〇トン）、同じく一一月二九日には、世界最大の空母「信濃」（六万二〇〇〇トン）を沈めている。

大西洋での対Uボート作戦に費やした連合国の努力と比べ、日本の努力は劣っていたといわざるを得ない。国力の差といえばそれまでだが、最後まで海上護衛輸送に人と金と技術を注がなかった日本と全力をあげて対Uボート作戦にとりくんだ米国との差は大きかった。日本の護衛艦にはレーダーさえ装備されなかった。

海軍戦略家として著名なアルフレッド・マハン大佐は、

「戦争は軍事作戦遂行と併行的に通商を続け得る側か勝つ」

といっている。

Uボートの動きを押さえ込んだ米英が勝ち、米潜水艦の跳梁《ちょうりょう》をどうすることもできなかった日本が負けたことは、このマハンの言説が正しかったことを示している。

5　日米独の潜水艦建造への考え方——少数精鋭か、多量平凡か

◆商船を狙いロジスティクス線を破壊するという潜水艦戦略に沿って、米独は平凡な性能の艦の建造に力を集中した。激しい減耗に対処するには建造する艦の種類を絞り、大量生産する方が有利との判断からだった。
◆一方、日本は米主力艦を潜水艦の目標としたため、高性能の艦を多種類建造しようとした。結局、貧弱な資源を浪費させ、必要な量を確保できなかった。

日露戦争後、米国勢力の東洋進出や、カリフォルニア、ハワイでの日本人移民排斥問題から、日本海軍の仮想敵国の第一は米国になっていた。第一次大戦後には、ワシントン軍縮条約で対米主力艦比率が六割になったという焦燥感が、日本海軍にはあった。この主力艦の劣勢をなんとか切り崩す兵器はないのか。

第一次大戦開戦直後の一九一四年九月五日、ドイツ潜水艦U21号は英軽巡パスファインダー（三〇〇〇トン）を撃沈した。九月二二日にはU9号が三時間の間に英重巡（一万二〇〇〇トン）のアブーカー、ホーグ、クレッシーの三隻を沈めた。Uボートはその後も、一二月三日には英戦艦フォーミダブルを撃沈。さらに、この年に、英巡洋艦二隻と露巡洋艦一隻を沈めている。ドイツ海軍を率いたティルピッツ元帥は潜水艦作戦を重視した。

大型潜水艦に注目した日本海軍

第一次大戦の貴重な体験から、その出現以来わずか一五年にすぎない潜水艦がまったく恐るべき兵器であることを日本海軍当局は知ったのである。

第一次大戦終結後、一四一隻のUボートが連合国に引き渡された。日本には七隻が配分され、日本海軍はこれを徹底的に調べあげた。

日本には引き渡されなかったが、日本海軍はU１４２型に注目した。U１４２型は大戦末期五〇隻の建造が計画され、一隻だけが休戦直前にキール軍港のクルップ・ゲルマニア造船所で完成していた。巡洋潜水艦とも称すべき大型艦で、排水量は二〇〇〇トンを超え、水上速力一八ノット。航続力は二万四四〇〇マイル。

ドイツのUボート作戦は小型（五〇〇トン級）多数の潜水艦による英本土のロジスティクス線切断が主目的であるから、この巡洋潜水艦型は異例のものであった。

しかし、日本海軍はこの異例のUボートに着目したのである。この潜水艦の航続距離ならハワイやミッドウェーまで進撃でき、奇襲によって米主力艦の撃沈ができる。

戦略が兵器開発を規制

戦略は、戦術や兵器を規制する。日本海軍は主力艦の劣勢を潜水艦で補おうとした。日本海軍は、日露戦争のバルチック艦隊の来航と同じパターンの対米戦を想定した。米主力艦隊はハワイ方面から西太平洋へ進出してくる。小笠原諸島や奄美諸島に待機している日本海軍は、西太平洋で米主力艦隊を迎え撃つ。主力艦で劣勢な日本艦隊は、潜水艦をハワイ沖に派遣し、米艦隊の動きを探りつつ、機に乗じて奇襲攻撃をくり返す。米艦隊加西太平洋に入ると、駆逐艦群が夜間に高速で捨て身の魚雷攻撃を敢行する。同時に潜水艦も主力艦攻撃を行う。

半王力艦の戦力が減り日本の主力艦と同戦力になった頃、主力艦同士の決戦を行う。相撃ちとなれば、米艦隊はハワイへ引きあげ、一二年間は動けぬだろう。その間に日本側も戦力を補給して次を待つ、というものだった。

潜水艦の型は戦略で決まる。大西洋の航路で商船を狙うという戦略のはっきりしていたドイツは、小型のUボートを大量に製造した。英国の海上封鎖をするには、常時一〇〇隻のUボートが洋上作戦を行う必要があり、激しい減耗に対処するには大量の建造が必要だ。商船が目標だから高速は不要。商船の数は多いから、なるべく多くの魚雷を搭載する。英本土近くでの活動だから航続距離は短くてよい。

日本海軍の潜水艦は、米主力艦が目標だ。そのためには高速が必要で、ハワイや米本土沖まで出かけるのだから長い航続距離が必要。広い太平洋での米艦の監視を狙うから飛行機まで積む。このため軽巡洋艦級の大きさとなった。表の巡潜甲型は、敵艦隊の監視・追跡・触接の任にあたり、海大七型は、艦隊決戦時に活動するのが目的だった。

米海軍の潜水艦は、日独海軍の中間的なものである。商船を狙うとはいえ、太平洋は広い。航続距離も必要となる。

潜水艦の建造に関しても、三国はそれぞれ異なっていた。米・独は建造潜水艦は一種類に絞り（米はガトー型、ドイツはⅦ型）、その後の変更も建造が簡便なように少しの手直しをした改良型だけとして、効果的な大量生産方式をとった。

◆日米独の主力潜水艦の種類

型　名	トン数	速　力	航続距離	魚雷数
巡潜甲型(日)	2900トン	23.5ノット	16000マイル	18本
海大7型(日)	1800トン	23.1ノット	8000マイル	12本
ガトー型(米)	1500トン	21ノット	10000マイル	18本
VII C型(独)	790トン	17ノット	4300マイル	20本

とくにドイツは各地で部品や機器を製造し、造船所で組み立てるという方式をとり、一日一隻の割合で進水させた。総建造量は六五九隻。米の総建造数は二三四隻だった。

独米は量産、日本は少数精鋭

これに対して日本は、巡潜型七種類、海大型五種類、その他四種類、計一六種類を建造した。このため貧弱な資源を無駄に使い、大量生産はできなかった（七八隻建造）。一品一品、念を入れ、手を込めて極上品を作るやり方は、減耗の激しい近代戦には向いていない。潜水艦をロジスティクス線の破壊に使わず大失敗した用兵の不見識とともに、一個ずつ極上品を作ろうとする日本人の国民性をこの潜水艦問題は示している。

実際の戦争では何よりも、頑丈で補修・整備がしやすく、数が必要なのである。

だから、米・独の潜水艦は特色のない、いずれも平凡なものだった。しかし、減耗の激しい近代戦では少数精鋭は負け、多量平凡が勝つのが常だ。

潜水艦の日・米・独の比較について、軍令部で潜水艦作戦を担当していた井浦祥二郎中佐は次のように書いている。

「（独潜水艦の）艦内くまなく見学させてもらった。潜水艦を主力とする独海軍だけに、なかなかよくできていた。交通破壊戦を主目的としてつくられているので、わが潜水艦とはその趣を異にしていて、一長一短はあったが、全般的にみて、わが潜水艦よりもよくできていると思った。またレーダーも装備していた。だからといって、日本の潜水艦がまずくて、独潜水艦がうらやましくたまらないほどの感じは起きなかった」。

また、米海軍の潜水艦に関しては、大船にあった俘虜収容所で米潜水艦の艦長や士官から状況を聞き、

「その時の感じでは、電気関係兵器については、わが海軍より勝っていると思ったが、その他については、特に優れた点は認められなかった。主兵器の魚雷は海軍が断然優秀だった」

と書いている。一般的にいって、平凡ではあるがドイツ潜水艦が一番進んでいたようだ。第一次大戦後、潜水艦担当のハート中佐（後、大将）は戦利品として得たドイツ潜水艦を調べあげ、米潜水艦より格段に優れていると思った。

第二次大戦後も同様にUボートを調べた潜水艦のトップ、ロックウード中将は、ドイツ潜水艦の方が優れていると考えた。魚雷は、日本の方が格段に進んでいたのを知った。

海軍の戦闘機の場合にも、少数精鋭主義が貫かれた。開戦当時、無敵の性能を誇った日本海軍の零式艦上戦闘機は、空力的洗練、構造重量の軽減、操縦系統の吟味を徹底して設計された。

このゼロ戦に対抗して設計され、米国海軍の主力艦上戦闘機として製造されたグラマンF6Fヘルキャットは、ゼロ戦と対照的な戦闘機である。グラマンは馬力がゼロ戦の二倍もあるのに速力はそう変わらない。ずんぐりと胴体が太く見た目も悪いが、頑丈さ、大量生産の容易さ、整備の簡単さを第一に考えて設計されていた。

潜水艦で日独が技術を交流

第二次大戦中、日本とドイツとの物資の交流は潜水艦だけで行われた。この潜水艦で技術の交流も行った。日本側から提供の技術は、酵素魚雷、潜水艦自動懸吊装置、最新式水上偵察機、潜水艦無気泡発射管などの実物ないし設計図。また、ドイツが最も欠乏している生ゴム、スズ、タングステン、モリブデン、キニーネなども送った。ドイツからの提供は、レーダー、航空機用機銃、二〇ミリ対空機銃、高速魚雷用エンジンなどだった。

最初にドイツに派遣されたのは伊三〇潜（艦長遠藤忍中佐）である。マダガスカル島沖で愛国丸から最後の補給を受け、喜望峰を通り大西洋を横断して一九四二年（昭和一七

年）八月、フランスのロリアン港に入港。同年一〇月シンガポールに帰港した。第二回は伊八潜（艦長内野信二大佐）で一九四三年（昭和一八年）八月ビスケー湾のブレスト港に入港、一二月内地に帰港した。第三回は伊八潜（艦長入江達中佐）だったが、シンガポール近くで事故のため沈没した。

第四回は伊二九潜（艦長木梨鷹一中佐）。ロリアン港に無事到着したが、帰途、一九四四年（昭和一九年）七月、バシー海峡で米潜水艦の雷撃を受け沈没した。第五回は伊五二潜（艦長宇野亀雄中佐）である。伊五二潜は往途ビスケー港で同年六月米海軍機により沈没されている。

ドイツ海軍からは、二隻の新型艦が贈与された。一隻は一九四三年（昭和一八年）八月、無事呉港に入港した。艦長はシュネーベント大尉。このドイツ製潜水艦は呂五〇〇潜と命名された。第二艦は、翌年の春、乗田貞敏少佐が艦長となり、キール軍港から日本へ向かったが、五月中旬、米駆逐艦の攻撃を受けアゾレス諸島沖で消息を絶った。

ドイツの作戦を学ばなかった日本

米海軍トップのキング元帥は、日本の潜水艦の動きに細心の注意を払っていた。日本の潜水艦が米商船を狙うことを極度に恐れた。米西海岸とハワイ間の航路で日本潜水艦に活躍されると、大西洋の二の舞となり、ハワイの海軍基地の機能は大きく低下する。ハワイ・オーストラリア間のロジスティクス線が潜水艦により切断されると、オーストラリアの基地としての機能がなくなってしまう。ガダルカナル戦でも、輸送船がやられると作戦遂行は不可能となる。

キングは後に、

「幸い、日本海軍は潜水艦の使い方を知らなかったし、ドイツのUボート作戦から何も学ぼうとしなかった」

といっている。

キングは一九四四年一一月、Uボートがシュノーケル装置をつけたという情報が入ると、この技術が日本に伝えられるのではないかと心配した。また、大西洋でのUボート暗号の解読、小型護衛空母と護衛艦によるハンター・キラー・グループの活躍、レーダー搭載の中型長距離警戒機の運用、新型対潜攻撃兵器の開発などに関しては、その秘密を極力守ろうとした。日本海軍の潜水艦作戦に応用されることを恐れたのである。

ニミッツとの会談のためハワイを訪れたキングは、太平洋艦隊司令部が、米商船に日本潜水艦の位置を教えているのに驚いた。これは、日本潜水艦の無電の方位測定分析により、米軍が日本潜水艦の位置を知っていることを暴露するではないか。商船に航路を変えるよう連絡せよ、その理由などいう必要がない、とキングは指示した。

ニミッツも、太平洋艦隊所属潜水艦は直接指導した。潜水艦隊司令部に指揮を委ねはじめるのは、ミッドウェー以降であった。

このように米海軍のトップは潜水艦のキャリアがあると同時に、潜水艦作戦には自ら指導するくらいの熱意があり、細心であった。

これに対し、日本海軍の上層部で潜水艦長の経験者はいなかった。潜水艦のキャリアの長かった幹部に醍醐中将がいるが、全般的な海軍作戦を指導するポストには就いていなかった。

軍令部作戦課に潜水艦担当参謀（井浦中佐）をおいたのは真珠湾作戦後であるし、連合艦隊参謀部に潜水艦担当参謀（小池中佐）をおいたのは、一九四二年（昭和一七年）の夏であった。

上層部に潜水艦長経験者は皆無

軍令部の作戦課長（富岡大佐）が、

「一万トンの輸送船は、一万トンの軍艦に匹敵する戦略価値がある。攻撃目標を選ぶ場合、艦艇ばかりに集中しないで、輸送船を狙うべきだ」

といっても、主力艦を狙うよう設計された潜水艦で、主力艦攻撃の訓練ばかり続けてきた人々の頭は簡単に変わるものでない。

潜水艦の使用方針についても、連合艦隊司令部と潜水艦隊を指揮する第六艦隊司令部との間は、なかなかうまく連携がとれなかった。軍令部の井浦参謀は、連合艦隊司令部の先任参謀より上に、本当に潜水艦を理解する人がいなかったためだと書いている。

潜水艦を運用する首脳部が潜水艦を知らず、しかもその運用の根本が誤っていた（ロジスティクス線の破壊でなく敵主力艦を狙ったこと）のだから、潜水艦がいかに性能がよく、艦長以下の乗組員が優れていても、大きな戦果をあげることは不可能だった。

6　日本海軍の物流担当部門と予備士官

◆海軍は物的軍備には金をかけたが人的軍備には消極的で人材の純粋培養にこだわった。少数精鋭の名の許に独善的・排他的な人的集団を作ってしまった。
◆兵備局長がもっとも苦心したのは、南方から資源を内地へ送る輸送力の問題であった。戦時造船特例法の制定を急がせ、建造能率アップのため標準船型を定め、海軍艦政本部に商船部を設置して商船の建造の増大をはかった。能率向上のための日本能率協会も新設した。

ロジスティクスの基本は人である。戦時にはロジスティクス関連の人材の必要量が急増する。といって、平時より大量の人を抱えておくことはできない。平時には、軍の頭脳と骨格となるべき人材を養成し、戦時に備える。

いざ戦時となると、大量の一般人を吸収して迅速な戦力化をはかる。これが近代戦の人的軍備の要諦だ。

海軍士官の系統は、大きく分けて、①兵科、②技術科、③主計科に区別される。

もともと、海軍当局は物的軍備には関心を示し、その充実には力を入れたが、人的軍備の拡大充実には消極的だった。兵学校（広島県江田島）、機関学校（舞鶴）、経理学校（東京）出身者を中心とする純粋培養の少数精鋭主義の考えから抜け出せなかった。純粋培養の精神は、同じ釜の飯を食い、何事も知り尽くした者同士が、居心地よく、仲よくやっていこう、という村意識の現れともいえる。

日本海軍の排他主義
日本海軍の特色の一つは、独善的・排他的な人的集団であったことだ。技術科はテクノロジー担当で少し異なるが、兵科・主計科とも上記三校卒業者以外の者を、物的にも心理的にもシャット・アウトしようという雰囲気が強かった。兵学校卒業者は、一般の大学や専門学校出の予備士官を「スペア」と蔑称して排斥しようとした。経理学校出身者は、主計予備士官制度の発足に団結して反対し、海軍大臣へ連名で反対の直訴状を出すグループもできた。
ある特定学校出身者で主要ポストを独占しているような企業は、例外なく内部に問題をかかえている。その意味で海軍も問題企業であった。

海軍予備士官とは

兵科の予備士官制度は比較的古くからあったが、数は微々たるものだった。

東京と神戸の両高等商船学校生は入校すると海軍予備生徒となり、在学中に六ヵ月間、海軍砲術学校で軍事学の教育を受ける。卒業と同時に海軍予備少尉に任官した。

また、大学や高専時代に飛行訓練を受けた者を対象にした海軍飛行予備学生制度は一九三五年（昭和一〇年）から発足していたが、対象者の数は少なかった。

兵科予備士官が大量に生まれるのは、一九四一年（昭和一六年）一〇月に発足した海軍予備学生制度の誕生による。

技術科については、大学や高専の在学中に委託学生となり、卒業後は海軍に生涯キャリアとして入る（永久服役）制度と、短期間だけ海軍技術士官として勤務し、その後は就職先の民間企業などに帰る短期現役技術士官制度とがあった。

主計科に関しては、米国駐在中に米海軍の人事制度を研究してきた人事局の中沢佑中佐が中心となり、主計科短期現役制度が一九三八年（昭和一三年）に発足した。

大学や高等商業を卒業し、就職が内定している者で、この制度に合格すれば海軍中尉（少尉）に任官させる。二～三年現役勤務した後、内定先の職場に帰すという制度であった。

主計科の仕事は、糧食・被服類の調達と供給、会計、文書管理、記録、叙位、叙勲、進級、任用の事務を扱う。いわばロジスティクス担当士官だ。

太平洋戦争での日本海軍の主計関連業務はこれら主計予備士官の手によって遂行されたといってもいいくらい彼らは活躍した。

兵科の予備学生は、飛行・砲術・通信・航海・陸戦など前線の第一線で働く職種に赴き、文学部・理学部・農学部出身者が圧倒的に多かった。太平洋戦争末期の海軍パイロットの大部分を形成したのはこれら兵科予備士官だった。また、無電諜報分野は彼らなしでは考えられないくらい大きな戦力となった。

海軍のロジスティクスを担当する主計予備士官は、法学部・経済学部出身者が大部分で、学校で修得した専門学術がただちに応用でき、また尊重された。

海軍のロジスティクス

海軍のロジスティクス関連の大元締めは兵備局である。

もともと軍務局が担当していたのだが、業務量の増大にともない一九四〇年（昭和一五年）一一月に兵備局が創設され、ここにロジスティクス関連業務が移管された。兵備局は、全体の企画・調達にあたる第一課、軍需生産を担当する第二課、海運職業の第三課、労働力を扱う第四課で構成された。

海運関連に関しては、兵備局創設八ヵ月前の二月に海運統制令が公布され、軍用船舶の徴用と軍需原材料の海上輸送のための船員徴用など、海運統制が強化されていた。しかし、これでも、迫りくる緊急事態には応じ切れないと考えた保科善四郎兵備局長は、運輸省の尾関管船局長と協議し、さらに海事行政の一元的運営の方向を探った。それは、

・商船の海軍補助兵力化の推進
・船員の海軍予備員化への推進
・造船能力の増強
・船舶の効率的運用、このための港湾行政の統一簡易化
・通商保護事務の統一化

といった事項の必要性を海軍がとくに感じていたからであった。

一九四一年（昭和一六年）一二月一九日、①灯台・海員養成、②船舶保護、③港湾行政、④内外地海事行政事務の統合調整、を職掌とする海務院が設立された。海軍主導で創設された海務院の主要ポストには現役海軍軍人が就いた（初代長官原清中将。部長は中佐クラス）。

資源輸送のロジスティクスと効率化

保科兵備局長がもっとも苦心したのは、南方から資源を内地へ送る輸送力の問題であった。

戦時造船特例法の制定を急がせ、建造能率アップのため標準船型を定め、海軍艦政本部に商船部を設置して商船の建造の増大をはかった。

能率向上のための日本能率協会も新設した。

海上交通の保護は、連合艦隊の所轄だったが、米潜水艦による船舶の損害が予想以上となり、陸軍側からの兵備局への苦情も多くなった。

一九四三年（昭和一八年）一一月、海上護衛総司令部が発足した。

生産能率増進のため、海軍では兵備局が窓口となり、商工省（大臣　岸信介）、陸軍省（大臣　東条英機）を中心に、企画院と商工省を統合した軍需省の創設案を作った。海上護

衛総司令部発足と同じ月に、軍需省（軍需生産の一元化）、運輸通信省（海陸運一元化）、農商省（食糧自給強化のため）が創設された。一九四三年（昭和一八年）には海軍運輸本部ができた。

海軍省で一番古くある本部は一九〇〇年（明治三三年）設置の艦政本部だ。一九二七年（昭和二年）には航空本部ができた。一九四一年（昭和一六年）には施設本部、一九四四年（昭和一九年）四月には電波本部が作られたが、翌一九四五年（昭和二〇年）二月には廃止されている。

大蔵キャリアも海軍主計尉官に

一九四三年（昭和一八年）九月、大蔵省に三四人のキャリア組が採用された。そのうち一四人が海軍主計見習尉官に採用された。家庭の事情で海軍を志望せず大蔵省に残ったある者は東大法学部を全優で卒業したほどの秀才だったが、結局、陸軍に二等兵で召集され、終戦間近いフィリピン諸島（比島）山中でゲリラの銃弾により死んでいる。

この年、海軍主計見習尉官に採用された七〇〇名の第一〇期主計予備士官候補生は、九月二九日、海軍経理学校品川分校に出頭。五ヵ月の訓練の後、翌三月一日大学卒業者は主計中尉に任命され、配属先へ赴任していった。

海軍運輸本部は、海軍省新館の二階にあり、隣は兵備局である。本部長は保科兵備局長が兼務し、運輸本部の総務課長も兵備局第三課長の大石保大佐が兼務していた。兵備局にも多数の主計予備士官が配属された。ちなみに、第六期の中曾根康弘（元首相）大尉も兵備局第二課に籍をおいたことがある。

運輸本部は海上輸送を担当する第一課と鉄道を中心とする陸上輸送を担当する第二課があるが、海軍だから第一課が主体となる。

一課長は磯部淳太郎大佐。幹部は、先任部員・由川周吉中佐。部員・中村馨中佐（貨物船担当）、西郡雄次中佐（タンカー、修理担当）。

士官の他、日本郵船、大阪商船、三井船舶、辰馬、山下、川崎といった大船会社から海上運輸の専門家が多数嘱託として派遣されてきている。

貨物船担当の新任主計予備士官となった阪谷芳直主計中尉の仕事は、毎日入ってくる電信をもとに、壁にかけられている鉄製大地図上の磁石のついた小さな船型を移動させることや、A船（陸軍徴用船）、B船（海軍徴用船）、C船（民間船）の詳細ハンドブックを作ることだった。

大本営海運総監部

海軍行政は海軍省で行い、統帥関連は軍令部が受持つ。軍令部は四部に分かれ、一部が作戦、二部が軍備・運輸、三部が情報、四部が通信を扱う。第二部では第四課が運輸、補給、徴傭船舶を担当した。

軍令部第四課が作戦にともなう運輸のプランを立て、これを具体化するのが海軍省の運輸本部で、輸送船の護衛にあたるのが海上護衛総司令部である。

運輸本部は一九四四年（昭和一九年）六月、海軍省の赤レンガ本館三階に移り、堀江義一郎少将が専任の本部長として着任した。三階には軍令部がある。

軍令部第四課の運輸参謀永田茂大佐は毎日のように運輸本部に来て、第一課先任部員の由川大佐と会う。海上護衛総司令部参謀の大井篤大佐もいつもやって来る。永田・由川・大井は海兵の同期生（五一期）で、この五月に同時に大佐に進級していた。

七月には、磯部第一課長が海上護衛参謀として転出。後任は、空母「鳳翔」艦長だった国府田清大佐。一一月には、本部長が石川信吾少将に替わった。石川少将は、政治活動が好きな異色の海軍士官として有名だった。

一九四五年（昭和二〇年）になると国府田大佐が空母「海鷹」艦長となって去り、吉田利喜蔵大佐が後任となった。

陸軍参謀本部のロジスティクス関連担当は、第三部で、鉄道・船舶関連輸送は第九課であった。海上輸送の重要性が増えた一九三九年（昭和一四年）三月、第九課は、鉄道関連の第九課と船舶関連の第一〇課に分離された。太平洋戦争に入ると海上輸送問題がきわめて重大となり、一九四二年（昭和一七年）五月には俊英の評の高い荒尾興功大佐が第一〇課長となった。さらに翌年一〇月にはふたたび第九課と第一〇課が合併される。

一九四五年（昭和二〇年）四月、荒尾大佐は陸軍省軍務局軍事課長となった。軍事課は、陸軍のヒト、モノ、カネの基本を立案する陸軍行政の要の部署である。

荒尾課長、石川本部長といったやり手により、五月一日、大本営海運総監部が設置され、一〇〇トン以上の船舶はすべて国家管理の下におかれ、この総監部で一元的に運航することとなった。

海運総監部ができた後の運輸本部の仕事は、近海・沿岸・瀬戸内海の桟帆船関連の仕事となった。北海道や九州で産出する石炭の多くはこれらの小型船で消費地まで運ばれていた。

陸・海軍は戦争が激しくなりロジスティクスの重要性が増大すると、保科中将・石川少将・大井大佐・荒尾大佐といったエース級人材をロジスティクス部門に投入した。優秀な主計予備士官も投入し、機構・組織改革も行った。

しかし、効果はあがらなかった。その最大の理由は、陸・海軍の戦闘第一（ロジスティクス軽視）の姿勢であり、その他の理由をあげるとすれば、あまりにも軍人主体の行政であったことだ。

戦闘員として教育され育った軍人には限界がある。米国のようにもっと民間の船会社の幹部や運輸省の幹部、あるいは学界メンバーが活用されて然るべきだった。

第四章　ロジスティクス事例研究

日本軍の下士官や兵は間違いなく米英軍のそれより優秀で勇敢だった。中・下級将校もけっして米英軍のそれと比べ劣らなかった。彼らはよく戦った。問題は彼らを指揮した作戦参謀や、作戦参謀に頼って任務を遂行した指揮官だった。硬直的・画一的思考から一歩も抜けられない作戦参謀はお粗末の一語に尽きる存在だった。

陸大卒でない将校や下級者を見下すような尊大な態度と怒号で接し、「必勝の信念」等々の空疎な美辞麗句の作文を書く作戦参謀は、実業界の者にとって反面教師の典型といってよい。

無能な指揮官や参謀に率いられれば、どんなに優秀で勇敢な兵士も犬死同様となる実例を本章のケースで考える。

産業界でも「欧米先進国に追いつけ」といっていた時代は、独自の戦略らしい戦略を頭脳をふり絞って案出していく必要性は少なかった。

中級・下級社員が精励恪勤し、仕事にまじめに打ち込んでおれば、まず企業は安泰で利益も出るし、大きくもなれた。

先進国に追いつき、お手本がなくなり、周辺の途上国から厳しく競争を挑まれる時代になると、企業の戦略や戦術がきわめて重要になる。中級・下級社員がいかに精励恪勤しても、経営者の策定した戦略・戦術に誤りがあれば、彼らの努力は水泡に帰し、失業という厳しい環境下に投げ出されてしまう。

作戦参謀はお粗末だったが、情報参謀には優れた人々が多かった。その一例としてソ連軍の満州侵攻関連の情報分析にタッチした情報参謀の活躍状況を最後のケースにあげた。

1 作戦参謀の思考形態

◆作戦参謀の発言力の強いドイツ参謀方式を導入した日本陸軍では、作戦参謀が独善的に振る舞った。問題は情報参謀や後方参謀の数字に基づく冷静な分析を参考にしない彼らの思考態度だった。
◆参謀本部の情報参謀だった堀栄三少佐は「マッカーサーの参謀」といわれるほど米軍の動向を正確に分析・予測した。情報・後方参謀には現実のみを直視した優秀な人材が多かった。

近代的な参謀制度が固まったのは、一九世紀の軍事先進国のドイツとフランスであった。ドイツ式は、参謀長の下に作戦・情報・後方の三部門制をとり、作戦部の発言力が強く、作戦部がリードする。参謀長は副指揮官的役割を担っている。

フランス式は、参謀長の下に総務・情報・作戦・後方の四部門制をとり、各部門間に発言力の差はない。作戦部門は指揮官の書記官的存在であるから、覇気ある士官は情報部門や後方部門を志望する。参謀長は参謀部門の取りまとめ役で、副指揮官的役割はもっていない。

ドイツ式を学んだのが日本やロシアで、フランス式を導入したのが英国や米国だった。

学閥主義の巣窟、昭和陸軍

ドイツ式を学んだ日本陸軍では作戦参謀が、尊大かつ我がもの顔に軍事作戦を壟断した。参謀本部の中でも実質的な指導力は作戦部がもっており、作戦部は「統帥の秘密」を楯に、他部に対し徹底した秘密主義をとり、独善的に振る舞った。対米英開戦論の原動力が作戦部であったことは開戦ごろ参謀本部参謀であった者のおおむね一致した見解である、とは情報参謀だった林三郎大佐の言である。

陸軍では「陸大卒に非ざれば人に非ず」というくらい極端な学閥主義をとっていて、陸大卒でなければ参謀にはなれなかった。

終戦時連合艦隊の参謀だった千早正隆中佐は、陸軍と仕事をする時には海大出身の肩書きが絶対必要だと思った。千早中佐は参謀本部の瀬島龍三中佐と仕事をすることが多く、参謀本部の組織の問題を正確に教えてもらうようになった。参謀本部の作戦課員は幼年学校、士官学校、陸大卒者に限られる。この三校を出ていないかぎり、どんなに優秀であっても課員になれぬことを知って驚いた。アイゼンハワー元帥の参謀長としてヨーロッパ戦線作戦で冴えた頭脳ぶりを発揮したベデル・スミス中将は一兵卒からの叩き上げだ。米陸軍トップのマーシャル元帥もウェストポインターではない。米陸空軍大将になったドーリットルやルメイは士官学校も陸大も出ていない。

南方方面への出張でも、作戦参謀は東京近郊の飛行場から専用機で発つが、情報参謀は九州へ汽車で行き、ここから南方行きの便を探さねばならなかった。

作戦畑で育った参謀たちは作戦課に赴任した情報畑出身者の課長に集団的サボタージュをやって、課長を追い出すようなこともしている。

観念論での敗戦から七〇年

二〇一五年は太平洋戦争終戦七〇周年にあたる。

貴い幾多の人命を失い、莫大な物的被害を被ったこの大戦から、平時では学ぶことのできない多くの教訓をわれわれは学んだ。その教訓の一つは、日本人があまりにも情緒的であって、願望と冷厳な現実との峻別ができず、空疎な形容詞を称えることによって現実直視を避けようとする性向が強いことであった。「必勝の信念」とか「断じて行えば鬼神も避く」といった形容詞は軍指導部の無能を現す以外の何物でもなかった。

国家指導者（重臣・閣僚・軍のトップである参謀総長や軍令部総長）は責任を完遂するための気魄や勇気がなく、何事も妥協・円満を主とし、部下・下僚の努力の上に安住して日々を過ごすタイプの人々であった。

教訓は活かされなかった

戦後、これらの教訓の反省は活かされてきたのだろうか。「平和憲法」とか「絶対平和」の形容詞をお題目のように称えておれば、永遠の平和境に安住できるがごとき幻想を持つ人々もいる。「願望」と「幻想」と「現実」の気分的・情緒的融合は危険である。「食糧の完全自給化」もそうだ。「食糧は完全自給できて欲しい」という願望が、「食糧は完全自給できる体制にすべきだ」というべき論となり、このべき論が「食糧は完全自給できるのではないか」という可能論になる。願望が観念の中で働いて、必ず可能になる、という幻想可能論になってしまう。それは、現実の具体的・数学的分析によるものではなく、願望を称えているうちに、何だか気分的に「できそうだ」ということになり、「できる」という幻想が一人歩きするようになったものだ。

国家指導者層が責任を完遂するための気魄や勇気がなく、何事も妥協・円満を主とし、部下・下僚の努力の上に安住する傾向は現在も変わらない点が少なくない。

一九九五年一月の阪神大震災は、五〇〇〇人が死に、多数の家が炎上し、主要交通路が切断される「戦争」であった。村山富市首相には国民の大災害という「戦争」に対し、この難関を乗り切ろうという気魄と勇気は感じられず、「最善の措置」をとったと強弁した。抽象的な形容詞でその場を取り繕うことの無責任は、太平洋戦争の各ケースで見られる作戦参謀の思考・行動パターンである。

太平洋戦争中の軍指導層や作戦参謀の思考は、「願望」から「こうあらねばならぬ」へと進み、さらにそれが気分的な「可能」となって、ついには「確信的可能」へのプロセスに陥っていった。

「願望」に反するような事実は見たくも聞きたくもないのである。観念論の作文で仕事をする作戦参謀は、「願望」の実現に疑問を呈する情報参謀や後方（ロジスティクス）参謀からのデータを見たがらず、信じたくなかった。「願望」からの気分で物事の判断が流れがちであった。

「願望」のみを見たがる指揮官

具体的事例を示そう。

開戦時、在米海軍補佐官としてワシントンに駐在し、第一次交換船で一九四二年（昭和一七年）八月帰国し、後に軍令部の情報参謀として仕事をした実松譲中佐は、帰国直後、軍令部作戦課長の富岡定俊大佐に米国の船舶建造量の見通しを、米国の鉄鋼生産量・造船設備・労働者・輸送機関・船舶エンジンの生産量といった統計的資料の下に説明した。

富岡大佐は実松中佐の説明に不満であった。富岡大佐の「願望」にそぐわないからだ。富岡大佐は、米国の船舶建造量を実松中佐の半分くらい、と自分の考えを披露したが、それはデータに基づくものではなく、気分的な「願望」によるものだった。

富岡大佐は実松中佐にいった。

「キミなんか、長いことアチラにいたので、アチラのことが良いように見えるんだよ」。

また、第二次交換船で一九四三年（昭和一八年）一一月に帰国した中山定義少佐は、帰国直後、永野軍令部総長、伊藤次長、沢本海軍次官をはじめ、軍令部・海軍省の主要者を前に、米国の軍需生産、その他の最新のデータを中山少佐なりに自信をもって報告した。ガダルカナル戦に敗れ、山本長官が戦死し、アッツ島守備隊が玉砕、御前会議で「絶対国防圏」が設定され、一ヵ月前には神宮外苑で学徒出陣壮行会が行われたばかりの時期である。中山少佐は報告の後、質問を促したが、何の反応もなかった。

その後の永野総長主催の昼食会でも、米国情報に関する質問や話題は何一つ出なかった。

戦略も戦術もなく、ただ願望だけがあった日本軍

太平洋戦争末期、マリアナ諸島のサイパンは日本の最後の

外堀であった。サイパンが米軍に占領されれば、ここを基地とする米陸軍爆撃機によって東京をはじめ日本本土の主要地域が爆撃圏内に入ってしまう。

ここは何とか確保したいという参謀本部の願望が、確保すべしとなって、最後は気分的に絶対確保できる、という「信念」に変わっていった。

服部卓四郎作戦課長は、陸海軍の合同会議で、「マリアナには確信がある」と説明した。その理由は、「計算では一キロメートルあたり砲三・三門あればよいところへ、砲五門配置される予定」であるからだった。

太平洋戦争のそれまでの戦訓で、一キロメートルあたり三・三門あれば大丈夫などという理論や計算などありはしなかった。一キロメートルあたり五門あるのだからこれで勝って欲しいという願望が、必ず勝てるに違いないという信念になっただけの話で、米軍の兵器や戦法を冷静に分析した結果ではなかった。

サイパン戦当時の参謀総長の東条英機（首相と陸相も兼務）は「願望さえ持っておれば勝てる」という夢想的観念論者だった。彼は自分の願望と異なる考えや資料を示す者を極端に排斥した。

熊谷陸軍飛行場の視察では、生徒に、

「敵飛行機は何によって墜《おと》すか」

という愚問を発し、機関銃や高射砲で墜すと答えた者を不可とし、

「自分の気魄で体当たりして墜す」

と答えた者を褒めた。彼はいった。

「銃にたよって敵を撃墜しようと考えるのは邪道である」。

また、

「敵探索後の帰途において、無電等の方向探知機器が故障した場合、どのようにして基地に帰るか」

とも質問した。東条の考える正解は、

「自分の基地と信ずる方向に邁進すること」

であった。

パイロットに何よりも必要なのは飛行技量の修練であり、航空隊を支えるロジスティクス関係者に必要なことは可能な限りの優良機器類の整備と、訓練や作戦に事欠かないような燃料の確保である。

マリアナ沖海戦の際、飛行技量未熟の日本海軍機はバタバタと撃ち墜され、米軍パイロットたちから「マリアナの七面鳥撃ち」と嘲笑されたではないか。この飛行技量の未熟は練習機の燃料不足が原因の一つだった。

東条総長は、インパール作戦の現地視察から帰った秦彦三

郎次長の「前途は極めて困難」という報告に激怒した。「軍指揮官は戦況の希望的側面に眼をつけねばならぬ」というのが東条の考えだった。希望的側面に眼をつけることはもちろん必要である。しかし、東条のそれは、願望的側面と異ならなかった。

「願望」がまず最初にあり、それの成就は気魄と信念によってなすべし、というのならこれは戦略とか戦術とかの次元ではなくなる。東条参謀総長や服部作戦課長の下の作戦参謀が作る作戦案は、目的達成のための冷徹な分析を礎として可能案を探ったものではなく、まず願望があり、それを「必勝の信念」「他に類を見ぬ創意」「溌溂たる指揮」「断じて行えば鬼神も避く」といった美辞麗句による指揮で行え、といういわば作文であった。「願望」と形容詞だらけの観念論が作戦参謀の特色といってよかろう。

情報・後方参謀の現実主義

ただ、日本人にとって救いとなるのは、参謀がすべて作戦参謀のような粗雑な頭脳ではなかったことだ。情報参謀や後方参謀（ロジスティクス担当）はその仕事の性格上、観念論に堕すことはなかった。作戦参謀だった人々による戦後の著作が講談調の疎漏・空疎であるのと比べると情報参謀だった人々の著作は緻密さと正確さにおいて断然優れている。

参謀本部の無給嘱託として三菱経済研究所でドイツの継戦能力を調査していた猪木正道は、ロシア（関連情報）課長の林三郎大佐から調査依頼を受けたことがあった。猪木にとって林大佐は実に物分かりがよくて仕事がしやすかった。「陸軍軍人のなかに、林ロシア課長のように理性的で冷静な情報将校がいることを知って驚ろき且つ喜んだ」と後に猪木は書いている。林大佐に限らず、モスクワ駐在の山岡道武武官やストックホルム駐在の小野寺信武官は国際情報を客観的に分析して、正確度の高い報告を参謀本部に打電していた。白木未成ロシア課長のソ連軍満州侵攻の分析も合理的であり、史実がその正しさを証明した。

参謀本部の情報参謀だった堀栄三少佐は、「マッカーサーの参謀」といわれるほど米軍の動向を正確に分析・予測した。

後方（ロジスティクス）参謀は、取り扱うことがらが現場・現物・現実であるため観念論とは無縁であった。

鉄道や船舶の輸送量や速度、飛行機の燃料使用量などは観念論で変えられるものではない。

情報参謀や後方参謀の提出するデータをもとに軍の運用（作戦）は考えられるべきであったが、独断的な作戦参謀は自分の「願望」に基礎をおく傾向が強かった。

2 ノモンハン事件──ソ連軍の後方補給体制を軽視した日本軍の失敗

◆ノモンハン事件でソ連軍が圧勝した原動力は、戦車を中心とした強力な火力とそれを支えた後方補給体制だった。
◆日本陸軍を実質的に指導してきた作戦参謀が、敵の兵力やロジスティクスに関する情報を軽視し、独断的思考のみで作戦を立てたことが命取りとなった。

一九三九年(昭和一四年)五月から九月にかけて、満州と外蒙古の国境近くのノモンハンで、日ソ両軍の本格的な戦闘があった。第一次大戦の経験のない日本陸軍にとって、この戦いは初めて経験する近代戦闘であった。

この戦闘で日本陸軍は、その欠点、①情報の軽視、②ロジスティクスの軽視、③戦術の硬直性、を余すところなく暴露し、完敗した。しかも、その欠点を反省することなく、太平洋戦争に臨み、同じような惨敗をくり返す。

ノモンハン事件のあった地域は、満州興安北省と外蒙古の国境地域。茫漠とした砂漠と草原の大波状地帯で、人跡稀な僻地である。

大小の砂丘が点在し、雑草や低い灌木の見渡す限りの平原の中に、塩水湖や淡水湖が散らばっている。この地域は国境線が明確でなく、国境線をめぐっての日ソの争いが、大戦闘にまで発展した。

陸軍作戦参謀の唯我独尊

ノモンハン事件を実質的に指導したのは関東軍参謀部作戦課の服部卓四郎中佐、辻政信少佐の両参謀だった。

参謀は指揮官の補佐役なのだが、昭和陸軍では参謀が指揮官をロボット化し、実質的に軍を動かすという悪弊を生じていた。彼らは陸大の卒業者で、金モールの参謀飾緒を右胸につけ、陸大出身でない将校や下級者を見下す遜大な態度をとる者が多かった。

参謀の中でも、作戦参謀は「統帥の秘密」を旗印に他の参謀(情報、後方)とは一線を画して唯我独尊的に振る舞う傾向があった。

作戦参謀の職務は指揮官に、敵兵力やその配置、地理の情報とロジスティクス関連の情報をまとめて指揮官の判断に供し、指揮官が決断すれば、それを文書化して配下部隊に配ることなどである。

それが昭和陸軍では、作戦参謀は情報参謀や後方参謀（ロジスティクス担当）の意見を軽視して作戦を立て、指揮官に決定を強いるようになっていた。

情報の軽視

ノモンハン事件の一年前、ソ連軍の一少佐が関東軍に逃亡してきた。この少佐から情報部は多くのソ連軍の戦法の特色を得た。ソ連軍の戦法は、①火力万能主義、②ロジスティクス重視主義であった。②に関して、作戦の方向、防御陣地の選定などは、後方からの弾薬・燃料・食糧・衛生材料などが容易かつ十分に送られてくることがまず必要条件として考慮される。モスクワ駐在武官の土居明夫大佐も同じような報告を参謀本部に送っていた。ノモンハン戦勃発の報に接した土居大佐はモスクワの動きとあわせて、シベリア鉄道でのソ連軍の軍需品の動きを知るため一時帰国する。シベリア鉄道に乗っている間、秘書肩書の武官と二人で、夜も寝ずに目を皿にして追い越す列車、すれ違う列車を観察した。土居大佐は重砲八〇門を中心に、少なくとも機械化二個師団がノモンハン方面に送られていると判断した。

ソ連軍一個師団は日本軍一個師団の何倍かの火力を持っている。また、土居が見たソ連軍の輸送能力も想像以上のものだった。

願望的情報だけで作戦を立てる

土居大佐は関東軍司令部に寄り、ソ連軍の侮りがたいことを力説したが、服部や辻は土居の意見を聞こうとしなかった。ノモンハン事件の三ヵ月前、ソ連はヨーロッパの西部国境で大演習を行っている。この状況については、ポーランド駐在武官から参謀本部に報告があり、ソ連軍が戦車・火砲を中心とする火力万能主義をとっているのは明らかだった。

参謀本部ロシア課でソ連軍の軍備調査主任の野々山秀実情報参謀は、物資や装備が充実してきたソ連軍の実態を作戦課に周知させるべく努力したが、作戦課は野々山は数字の遊びをするといって逆に反撃する始末である。ノモンハン事件時には、三ヵ月前の演習の実態から、ソ連戦車兵団による大包囲作戦による日本軍の壊滅的敗北の危険性を野々山参謀は関東軍作戦課に伝えたが、作戦課は聞く耳を持たない。

作戦参謀は、自分に都合のよい、願望的情報しか作戦資料に使おうとしない。エキスパートの情報参謀が永年苦労して分析した資料など歯牙にもかけぬ態度をとる。真面目に敵戦力を分析せず、希望的・独断的判断で軍を指導する。彼らが起草する作戦命令は美辞麗句が並び、実態のない精神論偏重が特徴だった。その結果は、大敗という事実となって現れる。

ノモンハン戦敗戦後の辻参謀の言葉を聞こう。

「我とほぼ同等と判断した敵の兵力は、我に倍するものであり、特に量を誇る戦車と、威力の大きい重砲とは遺憾ながら意外とするところであった」

「外蒙古騎兵がこんなに多くの戦車を持っていようとは、誰しも考え及ばなかった」

「まさか（ソ連軍が）あのような大兵力を外蒙古の草原に展開できるものとは夢にも思わなかった」

しかし、それらは情報関連の土居・野々山、その他の参謀が事前に指摘していたことで、作戦参謀の辻が聞く耳を持たなかっただけなのである。

〝ロジスティクス軽視〟

ノモンハン付近は広漠不毛の地であるから、物資の現地徴発は不可能だ。日ソ両軍とも、兵器・弾薬・燃料・糧食の全量を後方から補給しなければならない。補給ルートすなわち兵站《へいたん》線の長さは、関東軍の場合、ハイラル駅から二〇〇ないし二五〇キロ、ソ連軍の場合、シベリア鉄道のボルジヤ駅から七五〇キロである。当時の陸軍の兵站常識によると、大兵団の陸路兵站線の長さは二〇〇ないし二五〇キロ（東京・浜松間くらい）が一応の限度とされていた。

したがって、鉄道末端駅から七五〇キロ（東京—岡山間くらい）も離れた地区での大兵力の使用はまず考えられないことだった。関東軍の作戦参謀は、兵站線の長さからいって、ソ連軍はノモンハン地区に大兵力を使用できないであろうと判断した。

過去の常識にとらわれ敗退

しかし、実は、この陸軍の常識というのが大問題だった。これは自軍の駄馬による輜重《しちょう》車両からの判断による常識であった。トラックが多数使用されるようになれば、当然改めなければならない常識である。

後の太平洋戦争時のビルマ作戦でも、日本軍の後方補給の常識がまったく通じないことが起こっている。密林地帯で日本軍に包囲された英軍は袋のネズミとなったと思いきや、空から落下傘による大量の弾薬・食糧・医療品・飲料水の補給を受け、反対に包囲した日本軍は食糧・弾薬不足に悩まされて敗退した。

ソ連軍の総指揮をとったジューコフの回想録によると、ソ連軍の攻撃準備期間における最大課題は、軍事物資の前線への輸送とその集積だった。必要とした物資は、砲兵用弾薬一万八〇〇〇トン、航空機用弾薬六五〇〇トン、各種燃料・潤滑材料一万五〇〇〇トン、各種食糧四〇〇〇トン、燃料七〇〇〇トン、その他の資材四〇〇〇トン。

それらを輸送するためには、トラック三五〇〇両、オイルタンク車一四〇〇両を必要とした。手許にはトラック一七二四両、オイルタンク車九一二両しかなかったので、八月一四日以降トラック一二五〇両、オイルタンク車三七五両の追加配車をうけた。それでもなお、数百両足りなかった、という。

日本軍の作戦参謀の常識をはるかに超える後方補給能力であり、また後方補給重視の姿勢である。さらに、ソ連軍の戦車の改善能力も驚くべきものだった。

戦闘初期のソ連戦車はガソリン・エンジンで、日本軍の火炎ビンでおもしろいようによく燃えたが、ソ連軍はただちに燃えにくいディーゼル・エンジンに交換した戦車をくり出して、火炎ビン戦術に対抗してきた。数百両の戦車、装甲車（八月攻勢にソ連軍が使用した戦車は、四九八両、装甲車三四六両）のエンジンをガソリン・エンジンからディーゼル・エンジンに迅速に取り換えるには、エンジンの補給力と大量の技術者による整備力が必要である。日本陸軍では考えられないロジスティクスであった。

戦さの達人は、戦闘で味方兵員が消耗することを極力避け、相手の兵站線を切断して相手の弱体化を招き、降伏を強いるものである。

ソ連軍の兵站線は伸び切っているといってもよい長さだ。これを切断すれば、巨大な戦車群、砲兵群も無用の長物となる。砲弾のない砲兵などまったく意味がない。燃料がなければ戦車は一歩も動けず、戦車砲弾や機関銃弾がなければ、機械化部隊は無力化する。

二〇〇〇両を超すトラック、一〇〇〇両を超すオイルタンク車が日夜、ボルジャ駅から平原の隠れることのできぬ道路を往復している。これを航空部隊が襲って兵站線を切れば、ソ連軍はガダルカナルの日本軍と同じく飢えに苦しみ、戦力はガタ落ちとなったであろう。

しかし、これを考える参謀は誰もいなかった。作戦参謀の頭には、飛行機は敵機と空中戦をするという以外の発想がなかった。最も柔軟な戦術発想を必要とする参謀が紋切り型の思考しかできなかった。辻政信は戦後多くの本を書いているが、ロジスティクス関連の記述はまったく見られない。新しい戦術を考案し、実行しようとした気配もまったく見られない。

砲弾、燃料は無尽蔵に補給

作戦参謀は一〇〇〇両を超すトラック部隊という後方補給の概念自体を持っていなかった。

ソ連軍は、日に一〇〇〇両のトラックで補給をしているが、食糧はきわめて少量、粗悪なものばかりである。彼らがとくに好むウオッカはもちろん、タバコも支給されない。食糧は毎日一片の黒パンと岩塩だけだ。一方、砲弾と燃料だけは全力をあげて日本軍の常識から考えられないほど無尽蔵に補給する。これがソ連軍の後方補給の特色だった。

一九四四年(昭和一九年)、モスクワへ赴任する日本陸軍将校がシベリア鉄道の駅で見たソ連軍兵士の食糧は、一五センチ四方くらいの黒パンの上に、マッチ箱大の白い固形物がのったものだった。豚の脂身の塩漬けで、サーロとよばれるものだ。平時の日本軍ではとうてい許されない粗末な給食である。衣服もきわめて粗悪なものだった。

戦闘の最中、弾薬の不足に悩む小松原師団長は、一会戦分の弾薬集積を要求した。一個師団の一会戦分の軍需品は約一万トン。弾薬についていえば、重機関銃一挺あたり二万三〇〇〇発、野砲や山砲一門あたり二〇〇〇発である。ノモンハン事件に日本軍が使用した口径七五ミリ以上の砲は一三五門であった。仮に砲一〇〇門とすると、一会戦分の必要砲弾は二〇万発だ。馬で運ぶとすれば一頭一〇発である。一〇〇〇頭の馬を使って二〇往復しなければならない。補給拠点のハイラルからは二〇〇キロ。片道五日間かかる。

関東軍はこの補給力がなかった。日本陸軍がロジスティクスを重視し、一〇〇〇両のトラック部隊を用意しておれば、砲弾を一六〇発積んだトラックが、二〇〇キロを一日で走ったであろう。そうすれば、一往復で二〇万発運べる計算になる。

陸軍中央部は、ノモンハンでの敗戦に鑑み、軍備、対ソ戦法、教育訓練などを全面的に再検討するため、「ノモンハン事件研究委員会」を設けた。研究討議は、一九三九年（昭和一四年）一一月から約二ヵ月、主として新京（現在、中国の長春）とハイラルとで進められた。その研究報告書には次のような反省がある。

事件の反省は生かされず

「組織的火力の発揮により敵を制圧するの処置を行ふことなく猪突猛進し、又は点在する火点に必要以上の白兵を結集突撃せしむる如き戦法は徒らに損害を招くに過ぎざるなり」

「如何に鞏固《きょうこ》なる精神力を有するも適切なる対抗策を講ずるに非ざれば物資力に対抗し得ざることあるを認識するの要あり」

「弾薬が砲兵の主要戦力なるを認識し、其の準備弾薬量に関し速やかに研究するを要す」

しかし、おびただしい血を流した結果得た、貴重な戦訓と反省が生かされることはなかった。

太平洋戦争開戦時、服部は参謀本部作戦課長、辻は作戦課の有力参謀だった。二人とも強硬な対米開戦論者で、田中新一作戦部長とともに参謀本部を対米強硬論へと引っ張っていった。そうして、各戦場でノモンハンと同じ失敗をくり返したのだ。

田中・服部・辻に共通する態度は、敵の装備の優秀を認め、敵の戦力を至当に見る者を「弱音を吐く者、臆病者」として罵倒することだった。

中尉・大尉の中隊長クラスならばともかく、冷静に数字的分析を行わねばならぬ大兵団の参謀としては向こう意気だけ強くてもお粗末な頭といわれても仕方があるまい。

3　ガダルカナル戦——輸送力の甘さで餓死者が続出

◆太平洋戦史でガダルカナルほど、海上ロジスティクスの重要性を示した戦いは無かった。それは、制空権と船舶量の確保問題だった。十分な輸送手段を確保できなかった日本軍は戦闘死以上の餓死者を出した。
◆日本軍の中央でも、船舶の増派を要求する参謀本部作戦部長と、国力維持の観点から拒否した陸軍省軍務局長が殴り合うほどだった。

日本は米英両国との開戦にあたって、二段階の作戦に分け、これを実行しようと考えていた。日本の戦争遂行ないし産業の稼働に必要な南方地域の石油・米・鉄・石炭・ボーキサイトなどを押さえるための第一段作戦と、これらの地域を防衛するための、ニューギニア、ラバウル、ジャワ、マレー、ビルマを攻略する第二段作戦である。

第二段作戦は、ビルマとインドから英軍を追い出し両国を独立させ、ニューギニアとソロモンを押さえてオーストラリアを戦争から脱落させることも目的とした。

オーストラリアへの航空機配備の阻止を目指す

海軍軍令部として、最も気がかりなのはオーストラリアだった。米国の戦力は、二年もたてば膨大なものになる。飛行機の生産も艦船の建造も一〇倍になることが予想された。しかし、米国の兵力が一〇倍になっても、それが米本土やハワイにいる限り怖くはない。ことに飛行機が戦力を発揮するためには、燃料・弾薬の補給、エンジン・機体を整備できる基地の展開が必要である。飛行機はとりわけ、消耗しやすく、傷みやすい。部品のスペア、ベテランの整備員も不可欠だ。

米軍が日本に攻めてくる場合、その足場としてオーストラリアが第一に考えられた。巨大な工業力を背景にした航空兵力を持つ米軍がオーストラリアから、ニューギニア、ボルネオ、フィリピン諸島へと北上してくると、どうしようもなくなる。アリューシャン、千島方面は、冬季の荒天と霧のため大軍を動かす補給基地としては小さ過ぎることを考えると、米軍がここから攻めてくる可能性は少ない。中部太平洋方面からの米軍進攻の可能性は高いが、この方面の島々は日本軍が押さえている。また、インド方面から日本を攻めるとすると、ヨーロッパの戦場である大西洋や地中海を通ってこなければならない。

オーストラリアへの上陸、占領を海軍側から陸軍側へ申し入れると、オーストラリアへの進攻は一二個師団の兵力が必要で、ソ連との対峙が念頭から離れない陸軍は、とてもそんな兵力は出せないという。

それではと、米・豪間の交通線を遮断し、オーストラリアを孤立させ、米国から軍需品や飛行機がオーストラリアへ入らないようにしようとする構想が生まれてきた。ハワイからオーストラリアの交通線上にはサモア、フィジー、ニューカレドニアがある。ビスマルク諸島方面からこれらの島々を攻めるFS（フィジーとサモアの頭文字をとったもの）作戦が策定された。これらの島々に日本軍の航空基地を整備すれば、確実に米豪間の交通線はぶち切れるだろう。

ニューブリテン島にある日本軍の最前線基地ラバウルから、直接これらの島々の攻略は飛行機の航続距離からいっても無理だ。途中のソロモン諸島にまず航空基地を作る必要がある。

ガダルカナル島は、東西一三七キロ、南北四五キロ、イモ虫のような形をした、四国のほぼ三分の一の大きさの島である。

全島はジャングルに覆われ、住民が約四〇〇〇人海岸近くに住んでいる。オーストラリアの商社が西岸にヤシを植え、年に一回か二回このヤシの実を回収にやってくるくらいが唯一のこの島と文明との接触だった。

ガダルカナル島の北方にあるケシつぶのような小さなツラギ島はソロモン諸島の政庁所在地で港湾設備があった。

米輸送船への攻撃勧告を無視

日本海軍がツラギ島を占領したのは、一九四二年（昭和一七年）五月二日。ここから偵察機を飛ばすと、対岸の大きな島の北岸に飛行場の適地があることが分かった。七月七日、二個設営隊を投入してガダルカナル島に上陸。設営隊長は、大酒と奇行で海軍内でも知らぬ者はいないといわれた岡村徳長中佐。

一ヵ月間で飛行場を完成させ、八月五日にはほぼ完成した。

米軍は日本軍がガダルカナル島に飛行場を建設していることを知って驚いた。ここに日本軍の基地ができれば、次はニューカレドニア、フィジー、サモアが危うくなり、米豪間の連絡線が遮断されてしまう。これは米海軍トップのキングが最も恐れていた事態である。米軍は、海兵第一師団を投入してガダルカナルに八月七日に上陸し島の奪取をはかった。

米軍がガダルカナル島に上陸との報に接するや、三川軍一第八艦隊司令官は、重巡五、軽巡二、駆逐艦一、計八隻を率いて七日ラバウルを出撃。八日の夜半、敵主力に奇襲的夜襲をかけた。約一時間の激戦の結果は、米側重巡四隻が撃沈され、一隻が撃破されたが、日本側で沈んだ艦はなかった。まず、日本海軍の一方的勝利だった（第一次ソロモン海戦）。

護衛艦隊が全滅してしまっては、上陸用の米軍船団二三隻は丸裸だ。上陸軍の武器弾薬・燃料を満載している船団を失えば、米側としては巡洋艦の四隻や五隻沈められるよりも大きな痛手となる。旗艦鳥海艦長の早川幹夫大佐は三川長官に反覆攻撃をせまったが、三川は引き上げを命じた。

三川の態度は、日本海軍の思想をよく表していた。攻撃する相手は軍艦であって輸送船ではない。丸腰の者を相手に刀を抜けるか、という考えだ。しかし、近代戦遂行の上では後方補給の輸送船をやられるのが一番痛いことなのだ。日本海軍には、この最も肝心の点の理解が薄かった。その後のガダルカナル島戦は、補給戦そのものといってもいい戦いとなってゆく。

日本上陸部隊の食糧はわずか五日分

米海兵隊一個師団に対し、大本営が奪回を命じたのは一木清直大佐の率いる二〇〇〇人の一木支隊だった。一木大佐は、長年陸軍歩兵学校の教官だった人で、昭和陸軍の伝統的戦法の白兵銃剣による夜襲攻撃を米軍陣地にかけたが全滅する。米軍は日本軍の白兵突撃に対して自動小銃の乱射で対抗した。日本軍は歩兵部隊のみ。携行弾薬一人一五〇発、食糧五日分であった。

ラバウルからガダルカナル島までは一一〇〇キロ。東京―大阪間の二倍の距離である。航続力の長さを誇ったゼロ戦がようやく往復できる距離で、ガダルカナル島の上空では一五分間しか滞在できない。空戦となると燃料消費量は激増するから、パイロットへ与える心理的影響は大きかった。米軍はガダルカナル島の飛行場を使うから、燃料の面できわめて有利である。制空権は徐々に失われていった。米軍は大型輸送船を海岸近くにつけ、どんどん武器・弾薬・燃料を陸上げする。日本軍は、もはや輸送船での兵員や武器の陸揚げがむずかしくなった。

制空権なく細々と夜間輸送

このため、一木支隊に続いて米軍を攻撃する川口清健少将率いる川口支隊をガダルカナル島に送り込むためには、駆逐艦を使用して夜陰《やいん》に乗じるより方法がなくなった。

八隻の駆逐艦に分乗した川口支隊約三〇〇〇人は上陸後、ふたたび米軍に白兵攻撃をかけるが、八月一二日夜から翌日までの戦闘で半数の兵を失った。

川口支隊の敗戦に驚いた大本営は、第二師団の投入を決意する。

ガダルカナル島作戦の最大の問題は輸送であった。制空権を失ったところでは、輸送船は使えない。

ガダルカナル島への輸送は、駆逐艦によって夜陰に乗じて行われたのでネズミ輸送といわれるようになった。ネズミ輸送の問題は、重火器や補給品の輸送に大きな制限を受けることである。

一〇月三日から九日にかけ、第二師団がネズミ輸送によってガダルカナル島に上陸した。第一七軍司令部も一〇月九日ガダルカナル島に上陸。ラバウルで判断していた以上に戦況が困難なことを知る。ネズミ輸送による補給品で現地に届いていたものは、計画の約半分で、現地部隊は補給の不足にあえいでいる。第二師団が陸上げできた砲もわずか一八門に過ぎない。第二師団が米軍を攻撃するためには、輸送船団による武器・弾薬・食糧の補給が不可欠である。輸送船団が航行するためには制海権はもちろんだが、制空権が不可欠だ。

輸送船は、米陸軍機のB17やB25の餌食となった。

潜水艦による食糧輸送も始まった。しかし、このような輸送では重火器の輸送は不可能だし、大量の食糧・軍需品を島に上陸させることはできない。一〇月一五日予定の高速輸送船六隻による第二師団への輸送作戦を成功させるため、一三日夜半、戦艦「金剛」、「榛名」がガダルカナル島沖に突入、米軍飛行場に三五センチ弾九〇〇発を打ち込み、飛行場を火の海にした。

一四日夜半、輸送船団六隻がガダルカナル島に着き揚陸を開始。米軍機の空襲により三隻大破。一七日には沖に米駆逐艦が現れ、陸揚げ品を砲撃。そのために、軍需品と食糧の多数が焼失。

第二師団の五六〇〇人は、一〇月二四日米軍を総攻撃。失敗。

原因は、やはり火力の差であった。重火器はほとんどない。日本軍の五分間に一発の砲撃に対し、米軍は一分間一〇〇〇発の反撃をしてきた。突撃を援護する機関銃も、所持弾丸四箱二四〇〇発はまたたく間に射ち尽くした。米軍はピアノ線鉄条網、照明弾、音響探知機を使用し、迫撃砲や山砲の集中攻撃を行ってくる。日本軍の白兵攻撃には自動小銃の弾幕を張る。

日本軍は兵力を小出しに次々と投入し、その都度敗れるという戦術上、最もまずいやり方をとった。しかも、敗れた戦いから新しい戦術を考えることなく、同じやり方の白兵突撃をくり返した。ノモンハン事件とまったく同じパターンであった。ノモンハンでもガダルカナル島でも、戦法を変えることは微塵も考えず兵を死に追いやる作戦を指導した辻政信参謀も日本軍が敗退した後、ようやく、

「(米軍の) 戦法は理詰めであった。戦術というものの必要はない。ただ力の正確な集中だけが、彼らの持つ科学的戦術であろう。無理を有理とすることを戦術の妙諦と心得たのは貧乏人のやりくり算段であった」

と気づかざるを得なかった。相手が圧倒的な火量を持っているのならば、地型・天候等を利用しての攻撃方法・防衛方法あるいは退却等に頭脳を絞るのが参謀の任務ではなかろうか。

揚陸の荷量に大きな差

米軍基地には、一〇月末から一一月一〇日頃には、平均一日三隻の輸送船が入って軍需品を揚陸しているのに対し、日本軍は暗夜を利用した駆逐艦や潜水艦によるネズミ輸送だ。それも一五分間しか停泊できない。米軍の高速魚雷艇が警戒しているからである。潜水艦をネズミ輸送に使ったため、米軍が最も恐れた輸送船攻撃に潜水艦を運用することができなかった。一一月一四日には、火砲五〇余門、弾薬合計七万発、糧食一ヵ月分を満載した輸送船団一一隻がB17、B25をはじめとする米陸軍機の攻撃を受け、七隻が沈没。四隻がようやくガダルカナル島に着き、陸に乗り上げたが翌日米軍の砲撃を受けた。かろうじて揚陸できたのは、兵二〇〇〇人、野・山砲弾二六〇箱、米一五〇〇俵のみであった。

「戦争とは輸送」であり、戦略の基本は敵のロジスティクス線の切断という格言がそのままあてはまったのがガダルカナル戦であった。食糧がなければ生命を養うことができない。九月に米軍と戦って生き残った川口支隊員は、全員絶食の状態で、浜ヤシの若芽が唯一の食糧であった。重い兵器は全部、小銃も半数はジャングルに放棄した。毎日のように兵

士が飢え死にしていった。

無理な船舶の増派要求

ガダルカナル島の奪回には船舶の確保が絶対の前提条件となった。一一月一六日、参謀本部は船舶三七万トン、海軍側は二五万トンを要求した。これは、当時の日本の商船総保有量の一割を超えるものである。もし、この要求を認めることになれば、南方産の石油の輸送はもとより、鉄鉱石・石炭の輸送に振り向ける船が減り、鋼材生産量は年間二〇〇万トンになってしまう。戦争継続には、四〇〇万トンが欠かせない。

船舶は長期戦を戦う日本の生命であった。

開戦当時の日本の商船保有量は、六〇〇万トン、これを三分し、陸軍に一〇〇万トン、海軍に二〇〇万トン、民需に三〇〇万トンというのが開戦時の考え方だった。民需用三〇〇万トンがなければ戦力（国力）の維持ができないことは関係者のよく知るところだった。

参謀本部の要求を、戦力養成と国政に責任を持つ陸軍省は呑むことはできなかった。

参謀本部と陸軍省との間に激論が起こり、田中新一作戦部長と佐藤賢了軍務局長が殴り合う事態となった。田中部長は東条総理兼陸相にも、

「馬鹿者共！」

と怒号し、作戦部長のポストを更迭される。服部卓四郎作戦課長もガダルカナル島作戦敗戦の責任をとり更迭。後任は真田穣一郎大佐となった。真田課長は、ただちに前線に飛び、ガダルカナル島撤収の進言をする。ガダルカナル島に投入された兵士は三万二〇〇〇人で、死んだ者は二万人。そのほとんどは餓死であった。米軍は戦闘参加六万人。うち戦死者一〇〇〇人。餓死者は一人もいなかった。

大敗したガダルカナル戦を指導したのは、参謀本部作戦課長の服部大佐と辻参謀だった。この二人は、関東軍参謀としてノモンハン戦も指揮し大敗している。

当時の日本陸軍は、空疎な観念論を吐き強がりをいう者を評価し、現実を直視した戦術を考えようとする者を弱音を吐く者と貶《さげす》む気風があった。その気風の典型的具現者が服部や辻だった。

4　インパール作戦──後方補給不備を説く参謀を更迭してまで強行

◆インパール作戦を率いた牟田口廉也中将は、後方補給体制の不備を理由に自重を求めた参謀を次々と更迭し、自らの虚栄心のために作戦を断行した。陸軍史上未曾有の大敗を招いたのも当然だった。
◆一方、英印軍は連日一〇〇機の飛行機で、一〇〇トンに及ぶ軍需品を落下傘で降下する戦術で対抗し、一日一万発の砲火を日本軍に浴びせた。

米国は四〇年間にわたって練り上げた対日戦争計画──オレンジ計画で、「日本の巨大な陸軍と決戦を行い、多数の米国人の血を流す愚は避ける」ことを基本方針の一つとした。そのために、海上封鎖で日本に降伏を強いる戦略をとった。

中国大陸では、巨大な日本陸軍が釘づけとなり中国軍と戦っている。中国軍が敗れるようなことがあれば、大陸の日本陸軍は太平洋方面に移り、この方面に強力な兵力による陣地ができ、それだけ米兵の流す血が増えることになる。

そのため米国としては、どうしても中国軍がつぶれるのを防ぐ必要があった。インドから蒋介石軍の本拠地重慶まで空中輸送で月間六〇〇〇～一万トンの軍需品を送り、帰途は中国兵を乗せインドへ運んで米式の訓練を施す。さらに、インドの東北のレドから、ビルマ北方のミイトキナを経由して雲南省にいたる地上ルート（レド公路）を建設し、中国軍への膨大な軍需品補給ルートを確保することも計画していた。

中国軍の崩壊を恐れた米国

当時、ビルマ方面では、ビルマ・インド国境線に沿って北方のレドに駐在する米式装備の中国軍四個師団、中部のインパールに駐在する英印軍三個師団、南部の英印軍三個師団が日本軍と対峙していた。また、雲南省には一五個師団の中国軍がいた。

日本軍は一九四三年（昭和一八年）三月に、ビルマ方面軍を編成し、ビルマ防衛にあてた。これに応じて、第一五軍が編成され、軍司令官に牟田口廉也中将が新任された。

太平洋戦争を全局面から見れば、ビルマ方面で兵力や軍需品を消耗することは極力避けるべきだった。最小限の兵力でこの地を確保し、太平洋の正面に国家の総力を集中し、米軍の進攻に大打撃を与えるべきであった。それは参謀本部の意向でもあった。

しかし、インパール方面の英印軍と対峙する第一五軍の牟田口中将は熱狂的にインド進攻作戦を主張した。二〇～三〇個師団の英印軍・中国軍に対し、八個師団のビルマ方面軍では守っているだけではジリ貧に陥ってしまう。アラカン山系を越え、インドに進攻し、インパールを攻略して防衛を固める。インド独立軍も同道し、インド独立の志士チャンドラ・ボースにインドの一角で独立の旗上げをさせる。牟田口はこうした作戦を夢見ていた。

参謀は後方補給を問題にして、インド進攻作戦に反対

第一五軍の参謀長に新任してきた小畑信良少将は輜重《しちょう》兵科出身で、ロジスティクスの権威者である。小畑少将はただちに飛行機で国境方面に飛び、地理的実態を知ることに努めた。三回にわたる調査で小畑は後方補給上問題ありとし、牟田口のインド進攻案に反対した。

激情家の牟田口は、参謀長の反対に烈火のごとく怒って、着任後わずか一ヵ月半で小畑を更迭する。後任は久野村桃代少将。合理的・冷静な分析で司令官に反対した小畑と違い、久野村は狂信的・激情的な牟田口の怒りを買うようなことはしない。初代高級副官の島田中佐も硬骨のため牟田口に追われていることを知っているだけに、久野村参謀長はじめ、幕僚のだれもが牟田口の逆鱗にふれないよう汲々とする。

牟田口がなぜインド進攻に狂信的となったのか。それには軍の戦略家・戦術家としての考えよりも個人的心情がからんでいた。

日中戦争の発端となった一九三七年（昭和一二年）の蘆溝橋事件の際、彼は現地の連隊長だった。この事件が、その後大東亜戦争にまで進展しただけに、インド進攻で大東亜戦争に決定的な影響を与えることができれば国家に対し申し訳が立つ、と彼は考えた。

しかし、小畑前参謀長によればそれは建て前だ。牟田口は、きわめて虚栄心の強い男で、陸軍大将になりたいためにインド進攻を主張してやまぬのだと小畑は嘲った。

第一五軍司令部の上級司令部はビルマ方面軍であり、さらにビルマ方面軍の上に南方総軍がある。南方総軍参謀副長稲田正純少将は、ビルマ出張の折、メイヨーの第一五軍司令部で牟田口と会い、彼の計画を聞いた。

東条首相へも直接手紙を送る

三個師団の大軍を敵に妨害されずにチャドウインの大河を無事渡河させることができるのか、補給がきわめて危険なのではないか。稲田はこの計画に反対した。

それでも牟田口はあきらめなかった。東条首相へも直接手紙を送った。

六月二四日から四日間、ビルマ方面軍司令部で、インパール作戦も含めたビルマ防衛線の位置を決めるための兵棋演習が行われることになった。大本営からは第二課(作戦)の竹田宮少佐、南方担当の近藤伝八少佐が派遣され、南方総軍からも稲田総参謀副長以下の主要参謀が参加した。演習第三日の夜、牟田口は皇族の竹田宮恒徳王に拝謁して、この作戦の必要なことを訴え、大本営の認可を願った。

竹田宮は、はっきりと第一五軍の案では不可能だと答えた。今のような不完全な後方補給では大規模な進攻は困難だというのがその理由である。南方総軍の稲田副長も、補給計画を根本から改め、修正しない限り許可できぬと結論した。

竹田宮は東京に帰り参謀本部第二課長(作戦)の真田穣一郎大佐に報告した。真田課長は第一五軍案を無茶苦茶な積極案と評した。

参謀本部の主務者は、主としてロジスティクスの見地より、作戦地の地形、作戦距離、制空権が敵手にあることから、成功の見込みなしとの考えに固まっていた。

関係者を動かした牟田口の狂信的信念

しかし、牟田口のインパールへの狂信的な願望はますます強くなっていった。ビルマ方面軍司令官の河辺正三中将が、「牟田口中将の信仰的熱意は敬服せざるを得ず」と六月二九日の日記に書いたほどだ。

河辺と牟田口は昔から親しい仲で、河辺はいわば私情で、牟田口の動きを抑制しようとせず、南方総軍や大本営に下駄をあずける態度をとった。

第一五軍は八月に、隷下の各部隊長をメイヨーの司令部に集め兵棋演習を行った。

この兵棋演習でも第一線の補給が大問題であることは誰の目にも明らかだった。八月二五日の研究会の席上、田中新一第一八師団長は、軍は後方補給に責任が持てるのかと質問した。第一五軍後方主任参謀、薄井誠三郎少佐は、

「とても持てません」

と正直に答えた。

田中師団長は、

「第一線兵団長としては、補給が一番心配だ。この困難な作戦で、補給に責任が持てんでは戦さはできん」

と疑問を投げかけた。

その時、牟田口司令官が突如として起ち上がり、強い口調で、

「本作戦は普通一般の考え方では、初めから成立しない。食糧は敵によることが本旨であるから、各兵団はその覚悟で奮闘せよ」

と戒めた。

九月一一日、シンガポールで南方総軍主催の軍参謀長会議が開かれ、ビルマ方面軍からは中永太郎参謀長、第一五軍からは久野村参謀長が出席した。稲田総参謀副長は、久野村参謀長が持参した「インパール作戦構想」を、従来からの指摘どおりの修正がない限り承認はできないと拒否する。主として後方補給の問題から第一五軍のインパール作戦を拒みつづけてきた稲田だったが、彼は一〇月一五日付で第一九軍司令部付に移される。後任には、大本営で作戦部長だった綾部橘樹少将が任命された。

牟田口は陸軍省人事局長の富永恭次少将に盛んに私信を出していた。当時、東条・富永のコンビは、個人的感情で枢要の地位にある者を簡単に異動させ、多くの人々を憤慨させていた。

綾部がこの人事異動を知ったのも、大本営の第一部長としてラバウルを視察している時のことだった。

一一月のはじめ、大本営は第二課の近藤参謀をビルマに派遣した。近藤は、ビルマ方面軍の河辺中将もインパール作戦を希望し、南方総軍もなんとか実行させたいと思っていることを帰朝報告した。

持久戦構想も却下

だが、綾部の後任として第一部長になった真田は、

「インパール作戦は実行すべきでない」

という考えを変えなかった。真田は、ビルマ方面の作戦は進退攻防を適宜織りまぜる戦略的持久戦でなければならないと考えていた。

作戦地域は制空権を失っており、飛行機は使えない。急峻な山系や大河チャドウインを考えれば補給用の自動車も使えない。第一五軍のインパール作戦実行中に、敵がベンガル

湾から背後に進入してきたらどうするのか。第一五軍の案は、きわめて硬直的な一本勝負の内容と真田は見ていた。

一九四四年（昭和一九年）一月四日、南方総軍を代表する綾部総参謀副長はインパール作戦を参謀本会議室で正式に上申した。この席上、真田第一部長は、

「アラカン（山系方面）へこちらから出て行くのは、絶対に不同意である」

と、はっきりと反対した。

ところが、杉山参謀総長はいったん休憩をいい出し、別室で真田に翻意を求めた。盥」田は後に、次のように書いている。

「結局、わたしは、それに負けたのである。インパール作戦の認可問題は、第一部長としての私の終生の恨事であった。あの時、なぜ所信を貫徹しなかったか。結局、杉山総長の人情論――寺内さん（寺内正毅南方総軍司令官）の初めての要望であり、たっての希望である。南方軍でできる範囲なら希望どおりやらせてよいではないか――に負けたのだから、結果から見れば、当初の反対論など、何にもならぬことだった」。

参謀本部からの決裁案に対して東条陸相もまず、

「後方補給は大丈夫か」

と聞いた。

結局、インパール作戦は実行に移された。一九四四年（昭和一九年）三月八日、第三三師団の行動がこの作戦実施の第一日目であった。結果は、参加兵員約一〇万人のうち三万人が戦死、二万人が傷つき、三万人以上が病人となる日本陸軍史上未曾有の敗戦となった。

その敗因の第一は、一軍司令官の狂信的熱情の炎が冷静合理的な計算――すなわち、最も基本的な食糧・弾薬・医療品の補給の実行可能性――を焼き尽くしたことにある。

後方補給の権威者といわれた小畑参謀長は、後方補給の面から実行不可能なことを進言して、飛ばされた。その後の兵棋演習で、後方担当主任参謀は、後方補給にとても責任は持てないと明言している。師団の後方参謀も補給にまったく自信を失っていた。

この作戦は各部隊が携行する弾薬と二〇日間の糧秣《りょうまつ》だけで急襲突破に成功することを絶対の前提としていた。もし作戦が長引けば、食も弾薬もなく敵中の嶮峻《けんしゅん》な山中に立往生するのは目に見えていた。

牟田口は、この作戦に当初から疑問を持っていた第三三師団長柳田元三中将を作戦開始後二ヵ月、戦意不十分との理由で、同じく第一五師団長山内正文中将を病弱を理由に、さら

に三ヵ月半後、第三一師団長佐藤幸徳中将を抗命なりとして更迭した。

作戦に関連した軍参謀長だけでなく、関連の師団長をすべて更迭した例はおそらく世界の戦史にないのではなかろうか。佐藤師団長は食糧・弾薬の補給がまったくなく、このままでは師団の全滅は目に見えているとして独断退却したのである。

第三一師団後方主任参謀の野中国男少佐は、作戦開始以前より補給に自信がまったく持てず、辞任を佐藤師団長に申し入れていたほどだった。

英印軍は航空機輸送で対抗

一方、日本軍のインパール作戦に対抗して、英印軍は突拍子もない戦術を開発していた。それは、一人あたり四〇キロの糧食と弾薬を背負い、二〇〇〇メートル級のアラカン山系を越えて長駆三〇〇キロを走破しようと考えた日本軍の参謀には、思いもよらぬような戦術だった。

インパール作戦実施の直前、ビルマ東部に進攻した英印軍第七師団を、四三〇〇人の桜井徳太郎少将率いる兵団がシンゼイワ盆地に包囲した。五〇〇〇人の英印軍は袋のネズミだ。

だが、桜井兵団は攻撃予定の明け方、この盆地を偵察して驚くべきことを知る。直径四キロにわたる円型陣地が一〇〇台あまりの戦車でできていた。英印軍は三〇ないし五〇メートルおきに戦車を配し、その間には野戦砲・迫撃砲・重機関銃をおき、前面には鉄条網を張っていた。

このような重武装の円形陣地だから、どこからも攻められない。インド方面から毎日一〇〇機近い輸送機が到来して、少なくとも六〇～七〇トンの軍需品を連日補給しつづける。青は飲料水、食糧は黄というように色分けされている落下傘を落としていく。

完全に包囲された英印軍は、五週間のあいだに七一四回の空輸で、二三〇〇トンの物資を確保していた。一方、日本軍は四日分の食糧しか持っていない。ついに包囲した日本軍が撤退せざるを得なくなった。戦傷兵を連れての撤退は悲惨である。衛生材料や医薬品もない。英印軍には連日のように薬品・医療器具が空中投下されていた。

インパール作戦中も、連日一〇〇機の輸送機で一日一〇〇トンの軍需品がインパールに空輸されていた。急峻な山岳地帯やジャングル地帯での空中輸送は驚くほどの効果を上げた。日本軍は砲一門あたり一五〇発運ぶのがせいぜいだったが、英印軍は一〇〇門の砲を使って一日一万発の砲火を日本軍に浴びせたのだった。

古来より名将といわれる人々がまず重視したのは、補給線の確保だった。補給の第一が食糧だ。ハンニバル、スキピオ、アレキサンダーといった名将は、まず兵士たちの腹具合に注意を払った。秀吉をはじめとする戦国時代の武将もそうだった。ブーゲンビル島で戦った神田正種中将は、

「軍紀も勅諭も、戦陣訓も、百万遍の精神訓話も飢《うえ》の前には全然無価値であった」

と述懐している。

牟田口中将には、この基本認識がなかった。また、牟田口の無謀を押さえる高級将校がいなかった。杉山参謀総長、寺内南方総軍司令官、河辺ビルマ方面軍司令官といった牟田口の上官たちは、いずれも戦局をリードするという責任感と気迫に乏しく、何事も円満に事を荒らげずにすまそう、とする軍事官僚タイプだった。

5 サイパン戦——根拠のない計算を前提とした作戦を用い二日間で陥落

◆トラックの無力化を機に、東条英機首相は参謀総長兼務を決断する。統帥権の独立を錦の御旗に精神論ばかり振り回す参謀本部を抑えることが目的だったが、それも遅きに失した感があった。
◆続くサイパン戦でもまったく根拠のない陸軍の計算を前提としたため、米軍の作戦を読み違い、敵上陸後わずか二日で防衛軍は崩壊した。

太平洋戦争で守勢を余儀なくされはじめると、日本の防衛の外堀はカロリン諸島、内堀はマリアナ諸島となった。その本拠地は、前者がトラック、後者がサイパン島である。トラックがやられれば、ラバウルやニューギュアとのロジスティクス線が切断される。サイパンが占領されると、ここから長距離爆撃機で東京が直接襲われる。

一九四四年（昭和一九年）二月一七、一八日の両日、日本海軍の最大の根拠地トラックは、ミッチャー中将指揮の第五

八機動部隊（空母九隻他）による延べ一二五〇機の攻撃で、大損害を受け、基地としての機能を失った。トラックの無力化は日本の外堀が埋められたことを意味し、東条首相に衝撃を与えた。

東条、参謀総長と陸軍大臣の兼務を提案

このような時期になってもまだ統帥部（参謀本部）は統帥権の独立という憲法上の錦の御旗を堅持し、戦況の実相を政府側に連絡して適切な処置をとることをしなかった。

一八日、大本営はトラック方面の戦況を発表した。それを見た東条首相は、「少し考えたいことがあるから」と午後四時頃から官邸自室にこもった。午後六時、富永恭次次官、佐藤賢了軍務局長、西浦進軍事課長、赤松貞雄・井本熊男の両秘書官が官邸に集まり、東条とともに今後の対策を話しあった。

東条は翌一九日午後、富永陸軍次官を杉山元参謀総長のもとへやり、その勇退を求めている。理由は、

「この際、統帥と政務を緊密にし、かつ事を簡易迅速に運ぶために、参謀総長を陸軍大臣としての自分が兼任したい」

ということだった。

万事鷹揚な杉山も、これは拒否した。その日の夜、東条、杉山、教育総監の山田乙三を交えた三長官会議が開かれた。

二〇日夕刻、参謀本部からの要求船舶量増大を伝えるため佐藤軍務局長が官邸に来所した。この参謀本部からの要求を呑めば、民需用に回す船舶が少なくなり、生産面や食糧面に大きな影響が及ぶのは必至である。

東条は、ガダルカナル島作戦当時より、参謀本部の統帥権独立に関する見解は広義にすぎ、またその要求はあまりに作戦第一主義であるため、作戦と国務（ロジスティクス）との調整を困難にしていると考えていた。

統帥権独立を悔いた東条

参謀本部は観念論で仕事のできるところなのである。

一方、陸軍省は観念だけで仕事はできない。人とカネとモノを扱う部門は、現実遊離はできない。近代戦はロジスティクス戦である。膨大な軍需品の生産管理と流通（補給）管理が勝敗の帰趨を決める。太平洋戦争の後期になると、参謀本部よりも陸軍省の発言力が増大していったことは当然ともいえた。参謀本部の作戦第一主義からくる国力の保持育成を無視した要求は、東条をイライラさせていた。トラック空

襲による大被害により、東条はどうしても参謀総長を兼務して統帥部と政府の円滑化をはからねばならないと決心した。

陸軍大臣が参謀総長を兼務するなどということは、明治憲法の施行以来なかったことであり、しかも陸軍は統帥権の独立を主張してきたいきさつもあった。杉山総長が強硬に反対したのは前述のとおりである。

参謀本部の憲法を金科玉条とした統帥権の独立に、東条は苦しめられつづけてきた。憲法は、明治大帝から国民に与えられたもの（欽定憲法）で、「不磨の大典」とされ、これを改正することなど一首相のできるところではなかった。しかし、参謀本部の要求をそのまま認めてしまえば、国が滅びてしまう。結局、二月二一日、東条は陸相と参謀総長を兼ねることとなり、これに合わせて島田繁太郎海相も軍令部総長を兼ねることとなった。この兼務により、政府と統帥部との関係がよくなったことは事実であろう。しかし、これは遅きに失した観があった。

東条はその遺書で、近代戦においては統帥権の独立は間違いであった、と書いている。確かに近代戦は、総力戦であり、軍需物資の生産管理、補給管理、兵員の大募集とその戦力化の上に成り立つものであり、憲法が近代戦遂行に問題があったことは事実であろう。

生産力を実際の数字で掴む

逓信省工務局長の松前重義はヨーロッパ留学の帰途、米国を視察し、その工場の生産力の大きさを実感していた。松前は政府の発表数字に疑問を持ち、実際の数字をもって技術的・専門的立場から国力の現状を調査した。

技術者の松前は、「必勝の信念」云々《うんぬん》といった精神論に惑わされない、日本の生産力を数字的に掴むことが戦争の遂行なり終結なりに必要である、と考えた。

工務局は、主として電信電話関連の技術や工事を担当している。陸海軍とは関係も深いこともあり、軍部からの紹介をもらって軍需工場見学のスケジュールを立て、一ヵ月にわたって見学した。そうして松前が得た結論は、八年前に見た米国の工場には遠く及ばぬということだった。

松前は、各役所のエキスパートを集めた日本の生産力を調査する非公式の調査委員会を考えた。

松前のこの調査グループは次のような地道な調査をはじめた。

①鉄の生産と石炭との関係

②アルミニウムの原鉱石問題。アルミ生産と電力との関係

③電力における水力・火力・石炭の関係
④生産の基礎的条件となる輸送力、とくに海上輸送力の問題
松前のグループの一年間にわたる調査の結果、軍需生産の基本となる鉄鋼生産やそのための石炭・電力・輸送力に大きな問題があることが分かった。

松前は、調査結果全局松宮海軍大佐を始め海軍有力者に報告した。

東条はこれに怒り、中央官庁高官の松前を二等兵として熊本連隊にぶち込んだ。

米軍の反攻ルートを読み違う

当時、米軍の反攻ルートは次の二つだろうと考えていた。

一つはニューギュア北部からフィリピン諸島に向かうコース。

もう一つは、ニミッツのとるであろうコースである。中部太平洋を直進して西カロリン諸島のパラオを衝くコースだ。次々と就航させている大型空母の活用ができるし、パラオに大型機の航空基地を作ることも大きな意味を持つ。

連合艦隊の中島親孝情報参謀と軍令部英米情報課の実松譲中佐は、マリアナ方面へ来るものと予想した。新型長距離爆撃機B29が完成したという情報から、基地として直接本土空襲のできるマリアナ諸島の攻略を試みるのではないか。

連合艦隊司令部内で中島参謀のサイパン進攻説が受け入れられなかったのは、マリアナの防備が堅固で米軍は相当の覚悟をせねばならず、そう簡単に攻略してこないだろう、という期待もあったからだった。

海軍がマリアナの防備が堅固であると考えたのは、陸軍の説明によるものだった。五月二日に開かれた御前研究で、東条参謀総長は、

「サイパンは難攻不落です」

と発言している。

大本営・政府連絡会議で、海軍からの、

「敵上陸が始まっても、少なくとも一週間、飛行場をこちらの手中に確保していただきたい」

との要望に対し、東条は、

「一週間や一〇日間は問題ない。何カ月でも大丈夫。決して占領されることはない」

と断言した。また、

「敵がサイパンに来たら思う壺だ。そこで待望の殲滅戦を展開して米の戦意を破砕するのだ」

と揚言した。

陸軍は、なぜこれほどの自信を持っていたのだろうか。それは、中部太平洋方面担当主任参謀の晴気誠少佐が、

「マリアナ地区は、たとえ海軍航空がゼロとなっても敵をたき出せる。計算では一キロメートルあたり三・三門あればよいところへ砲五門配置する予定」

と視察報告をしたのが根拠となっていた。

戦訓無視の計算が自信を生む

一キロメートルあたり三・三門あればよい、という戦術上の法則などはもちろんない。

ノモンハンやガダルカナルで、ソ連軍や米軍の火力を経験した戦訓はどこへ行ったのだろうか。ガダルカナルで第二師団歩兵第二九連隊の中隊長として戦った勝股治郎大尉は、米軍の戦術を身をもって体験し、対抗戦術を考えねばならぬと痛感した。勝股大尉は負傷し入院する。軍の参謀たちは負傷へのいたわりのみで、実戦の中隊長の血で得た体験を聞こうとしなかった。一キロメートルあたり砲五門もあれば絶対大丈夫と考えたのは軍事専門家の頂点に立つ服部卓四郎作戦課長であり、東条参謀総長であった。服部はノモンハン戦を関東軍作戦主任として指導し、ガダルカナル戦を大本営作戦課長として指導した。

「一キロメートルあたり砲三・三門あればよい」という法則(？)は、あるいは日露戦争時の戦訓の一つであったのかも知れない。

防衛のための築城には多量のコンクリートや鉄材・木材が必要である。これらは現地に届いてこそ戦力化する。実際はサイパンに輸送中、米軍の潜水艦によりこれらの資材は海没された(六隻の船団で五隻沈没)。

大本営の作戦課は任務こそ与えるが、戦闘に必要な築城用の資材や糧食や弾薬の準備と供給には冷淡だった。後方補給は戦闘の基本であるという考えがなかったのである。

作戦部の参謀は空疎な精神論を弄んでいたが、情報部の参謀は職務柄、真面目に合理・冷静・緻密な分析を行い、米軍の火力・上陸方法などを研究していた。

情報部の堀栄三参謀は半年かけて「米軍戦法」を研究した。堀少佐は米軍の各種テキストを読んだが、最も注目したのは、米軍が戦場の第一線部隊への補給をとくに重視していたことだった。

米軍のテキストには、

「軍隊のロジスティクスは旧式の水桶消防隊のようなもので、絶えず一桶の水を火に注ぐためには、水源にも運搬途中

にも多数の水桶を必要とするように、軍隊の補給も本土から現地までに多数の集積地と、輸送途上に多量の軍需品が必要」

とし、各種の軍需品を品目ごとにくわしく分析していた。

堀参謀は研究の成果を「敵軍戦法早わかり」と題して多くの図解や表をつけた八一ページの小冊子にまとめて現地各部隊に送付した。

問題は作戦部が、これらの情報を活用する意思がなく、独《ひと》り将棋的思考で作戦を指導したことだった。

二万トンの砲弾を浴びせた米軍

六月一九日から米戦艦によるサイパン島砲撃が始まった。五三五隻の大船団がサイパン沖に現れた。上陸軍の全体指揮をとったのは、鬼（テリブル）と恐れられたリッチモンド・K・ターナー海軍中将。

情報部の分析では、米戦艦の艦砲射撃による殺傷と破壊の効力は五個師団分の火力に相当する。サイパン島を守るわずか一個師団の兵力は四〇個師団分（戦艦八隻）の火力に包囲され滅多打ちにされた。

米軍がサイパン島に撃ち込んだ艦砲射撃量は、一万四〇〇〇トン、爆撃は六〇〇〇トンであった。

米軍が上陸した正面一〇キロメートルにぶち込まれたから、一メートルあたり二トンの砲弾を浴びせられた計算になる。

「一キロメートル正面に砲が五門あるから絶対に大丈夫」などという作戦参謀の言を「真面目にいっているのか」と問いただしたいほどの見当違いだった。口径一〇センチ足らずの砲と戦艦の主砲とでは射程距離がケタ違いだ。戦艦は相手の砲の射程外にいて悠々と自分の思うままに砲撃できた。

米軍上陸二日にして防衛軍の主力は壊滅した。

この戦いで、日本側は四万人の軍人軍属が玉砕し、約二万人の在留邦人の半数が死んだ。

サイパン戦の後、服部作戦課長は軍令部作戦課長山本親雄大佐に、

「日米両軍の武器の差が分かった。だが今からでは間に合わない」

といった。

サイパンの敗戦で重臣層の不満は一気に噴き出し、強気の東条も退陣せざるを得なかった。

服部も辻も、ノモンハンの大敗で日本軍の装備の脆弱さを知ったはずだが、それを改善しようとする気はまったくなか

った。辻はガダルカナルでふたたび大敗し、米軍戦法を骨身をもって知らされた。服部は、サイパン戦の完敗でようやくこれではいかんと覚った。

二人は、いずれもおびただしく日本兵の血が流れ、完膚なきまで叩きつぶされるまで現実を見ようとしなかった。

6 ソ連軍の満州侵攻——シベリア鉄道の調査で侵攻期日を予測

◆参謀本部は、ソ連軍のシベリアへの武器・兵力・食糧・燃料などの輸送状況を克明に分析し、満州侵攻期日を知ることに懸命だった。
◆欧州から兵員や軍事物資を運ぶシベリア鉄道の運行状況や、ウラジオストク港での米国からの軍事物資陸揚げなどを調査することで、その侵攻期日は十分予測できた。

敗戦が必至となった時点で、日本軍はようやくベストマンをトップに据えた。海軍の米内光政と陸軍の阿南惟幾である。阿南が陸相となった当時、陸軍が最も恐れたのはソ連の対日参戦だった。情報部は必死になってソ連の意図を探った。

太平洋戦争末期、海軍の大和田通信隊は、米軍の通信がいくつか微妙に変化しはじめたことに感づいていた。

大和田通信隊は、本土を空襲するB29群のマリアナ基地発着時間や飛行中隊数などを、発着直前に行う電波整合をキャッチすることで正確に掴んでいた。ところが、一九四五年(昭和二〇年)七月下旬、テニアンにおかしなB29が二~三機現れていることに気づいた。

日本空襲には参加しないし、発信するコールサインも異なっている。気象観測機でもなさそうだ。後から分かったことだが、このB29は原爆搭載機だった。

もう一つは、マズルーク・ラインでの通信状況だった。マズルーク・ラインというのは、米ソ間の戦略物資の空輸ルートでソ連軍の責任者マズルーク大佐からとった名称だ。援助物資を載せた米軍機が、アラスカのノームからベーリング海峡を越えてアナドリイ基地に着くと、飛行機ごとソ連に渡され、ソ連軍パイロットの手でシベリアの中継地伝いに西へ輸送される。

ソ連の対日戦準備を推察

大和田通信隊が気づいたことは、このアナドリイ基地の発着電信が急に多くなり、しかも、その空輸線がヨーロッパーロシアへ向かわず、満州との国境近くに向きはじめたことだった。

ロジスティクスの観点からこの通信諜報を分析すれば、ソ連が対日参戦を準備していること、米国も当然これを知っていることが推察された。

関東軍の精鋭師団は、一九四四年（昭和一九年）から一九四五年にかけて、続々と太平洋の激戦予定地に移送されていった。

〈一九四四年〉
二月、第一四師団↓パラオ
　第二九師団↓中部太平洋
六月、第九師団↓台湾
　第二八師団↓宮古島
七月、第一、第八、第一〇師団、戦車第二師団
　↓フィリピン
一〇月、第二三師団↓フィリピン
一二月、第一二師団↓台湾
〈一九四五年〉
一月、第七一師団↓台湾

もちろん大量の予備兵器・弾薬・燃料も南方戦場へ送られたし、ソ連軍侵攻を想定して国境地帯要塞に配備していた大口径火砲の弾薬、対戦車砲台の火砲や弾薬も南方戦場へ送られた。

満州は軍備の面から見ると、もぬけのからの状態になっている。ドイツを破れば、日ソ中立不可侵条約を一方的に破ってソ連が対日戦争に参入してくることは十分考えられる。南方航路が米潜水艦の活躍でストップし、南方から日本への資源・食糧などが入りにくくなれば、満州からの大豆・小豆・雑穀は日本にとってきわめて重要なものとなる。

この満州がソ連に占領されるようなことがあれば日本も終わりだ。

櫓《やぐら》からソ連の輸送動向を視察

関東軍参謀部で情報を担当する第二課は、参謀本部第五課（ロシア課）と緊密な連絡をとりつつ、極東ソ連軍の動向に神経を尖らせていた。第二課では課長を含め六人の参謀が二〇〇人の課員を指導していた。極東ソ連軍の編制・装備・戦法・築城・補給・兵団配置・移動などを担当するのは軍情班で、班長は完倉《ししくら》寿郎少佐参謀だった。

満州とソ連沿海州との国境近くのウラジオストクを臨む高地に十数メートルの櫓《やぐら》を建て、高性能の大型望遠鏡を備えて、入出港する船を常時視察する。

吃水線《きっすい》ぎりぎりまで、大量の軍事物資を満載した米戦時標準型貨物船がソ連旗を掲げて相次いで入港している。米国製の機関車や貨車、トラック、巨大な木箱入りの工作機械などがよく見える。ソ連製の機関車は黒塗りだが、米国製のは緑色だからよく分かるし、木箱には英語で機械の種類を書いてあるから中身も分かる。

これらの物資は、シベリア鉄道でソ連各地に送られる。国境沿いの監視所からは、これら米国からの援助品がハバロフスク方面に送られていることも常時観察できた。

米国製戦闘機がベーリング海峡を越えてソ連に大量に供与されはじめていることを関東軍情報部が知ったのは、一九四三年（昭和一八年）の初めだった。ほとんど毎日のように米国パイロットの操縦で、ベーリング海峡を越えてアラスカからソ連のアナドリイ基地まで戦闘機が空輸されてくる。

パイロットは、ベーリング海峡を越える時にソ連基地に飛行機の種類・機数・予定着陸時間などを暗号化されていない普通の英語で無線連絡する。これは通信所で傍受できるから、関東軍情報部は正確な米国のソ連への戦闘機供与数を掴んでいた。

一回あたり平均一〇から二〇機の編隊で月間に一〇〇から三〇〇機がソ連軍の手にわたっていた。アナドリイ基地からはソ連軍のパイロットの手でバイカル湖の西方クラスノヤルスクまで空輸され、ここからシベリア鉄道でヨーロッパの西部戦場まで送られていた。

極東ソ連軍のロジスティクスの拠点は、米国との接点であるウラジオストク港。一方、ヨーロッパ・ロシアとの接点は極東シベリアへの入口でバイカル湖東部にあるシベリア鉄道の拠点チタだった。

ウラジオストクには、日本の総領事館がある。また、チタと黒龍江上流でシベリア鉄道の拠点ブラゴベシチェンスクには満州国の総領事館がある。この両領事館には、満州国外交官の身分で働いている日本人も多かった。

チタ領事館の屋根裏からはシベリア鉄道が見える。領事館員は二四時間体制でシベリア鉄道の運行状況を監視した。一九四五年（昭和二〇年）二月末になると領事館員は、極東方向へ向かう軍事物資を載せた軍用列車の数が急に増えはじめたことに気づいた。

稼働列車数から侵攻期日分析

一日に少なくとも一〇本の軍用列車が通り、ドイツ降服後はその数がさらに増えた。軍用列車かどうかは、戦車・高射砲・飛行機などが無蓋貨車に積まれていることから分かった。兵員・糧秣・弾薬を積載しているのは、普通の貨物列車や客車と同じものだったが、そのうちのかなりの部分が軍事物資・兵員の輸送列車と考えられた。

いずれにせよ、シベリア方面行き軍事列車の急増は、ソ連政府の考えがロジスティクスに現れはじめたと考えるべきであった。

参謀本部は、ソ連軍の戦時における一日の平均補給必要量を狙撃師団、戦車師団、砲兵師団などごとに算出し、シベリア鉄道の稼働列車数から、ソ連軍の満州侵攻期日を分析した。

たとえば、狙撃一個師団の一日に必要な補給量は、二九五トン（糧秣四〇トン、燃料一一〇トン、弾薬五〇トン、その他九五トン）である。

チタ総領事館員やモスクワへ赴任する伝書使の目測により、一軍用列車を四〇両編成と考え、この一列車で六八〇トンを輸送すると考えた。また、シベリア鉄道の戦時輸送力を一日五四列車と考え、そのうち三九列車を軍用と推測した。また、人員数・車両数・戦車数・必要燃料・食糧・弾薬数などから逆算して、狙撃一個師団を輸送するのに四〇本の軍用列車が必要と見積もった。

参謀本部は、一九四五年（昭和二〇年）二月末から八月上旬までの軍用列車数を八〇〇ないし一〇〇〇と見積もった。この分析によれば、極東へは二〇ないし二五個師団が運ばれたことになる。

参謀本部の推測では、従来から極東に配置されていたソ連軍の主力兵力は狙撃師団約二〇、狙撃旅団一五ないし二〇だった。とすると、極東ソ連軍は五〇から六〇個師団にも膨れあがった計算になる。

一方、前述の一個師団への一日の平均補給必要量と、シベリア鉄道の輸送力から計算して、ソ連極東軍の限界は狙撃六〇個師団と考えられた。

一九四四年（昭和一九年）の極東ソ連の人口は、軍隊七〇万人、強制労働者三〇万人を含め六〇五万人だった。自給率は食糧が六七パーセント、石油が六六パーセント。鉄鋼の自給率は三八パーセントなど軍需工業は貧弱で、武器弾薬の自給率はきわめて低い。したがって、食糧・軍需品・石油の多くをヨーロッパや西部シベリアからシベリア鉄道で輸送しなければならない。

関東軍と参謀本部は仮想敵国ソ連の大動脈であるこのシベリア鉄道をその開設以来、詳細に調査しつづけていた。鉄橋・トンネル・給水施設・貯炭状況・日常の列車運行状況——さまざまな角度から軍事輸送力を算出した。参謀本部の計算では、シベリア鉄道の軍事輸送力は年間九三〇万トン。太平洋戦争の末期には、米国から海路を伝って大量の軍事物資がウラジオストクへ入っていくようになり、参謀本部はこれを年間二〇〇万トンと見ていた。

ソ連の兵力は最大限に膨張

したがって、シベリア鉄道の輸送力から見て兵力は最大限に膨れ上がっていると考えられた。ソ連が満州へなだれ込む体制を整えていることは、十分予想できた。

もちろん関東軍情報部は、ソ連軍の戦術についても情報を集めて研究した。ソ連軍の公刊資料の他に、ソ連から逃亡してきた将校からもソ連軍の戦法を聴取したが、日本陸軍と比べ大いに異なるのは次の三点だった。

①広大な正面展開……日本軍の一個師団の正面展開は四キロが普通であったが、ソ連軍は一個師団で八キロから二〇キロにわたって各部隊を進める。強力な砲兵と機関銃の力がこれを可能にさせた。

②火力万能……戦闘の勝敗は火力によって決まるという思想の徹底。

③ロジスティクスの重視……ソ連軍の戦法の一大特色はロジスティクスの重視だった。攻撃にあたっても、防御にあたってもロジスティクス——弾薬・燃料・食糧・医療品が容易にまた十分輸送されること——を検討し、これを前提にして作戦計画を立てていた。

シベリア鉄道の輸送状況から判断した参謀本部の予測は、結果的に当たった。参謀本部ロシア課長の白木末成大佐は、七月に関東軍司令部に出張し、情報部としての判断を示し、「遅くとも九月上旬の危機は絶対的だ」と言いきっている。

広島に原爆が投下された直後の八月九日、ソ連軍は満州に侵攻しはじめた。

蒙古方面からはチタに司令部におくザバイカル方面軍がハイラルや新京、奉天に向かい、ハバロフスクに司令部をおく第一極東方面軍と第二極東方面軍は、沿海州方面からハルビン、牡丹江、吉林方面に向かって進撃してきた。

あらゆる情報に神経を使う

参謀本部や関東軍情報部は、ソ連の対日参戦への意向を探るため、当然ながらソ連軍のロジスティクス関連の動き以外のあらゆる情報に神経を使っていた。

一九四四年（昭和一九年）一一月六日のスターリン演説は、中立条約の相手国日本を侵略国と断じていた。参謀本部は、これを対日戦を正当化するための前奏曲であると受けとめた。翌年四月五日、モロトフ外相は佐藤駐ソ大使に、日ソ中立条約不延長を通告した。また、この四月にはシベリア鉄道を利用してモスクワに向かう日本の伝書使が謀殺された。


スターリンは、一九四二年当時より、すでに対日参戦を決意していた。この年の八月、モスクワを訪れたハリマン米特使に、

「日本はロシアの歴史的な敵国であり、（中略）いずれ参戦するだろう」

と伝えている。

翌年一〇月には、モスクワを訪れたハル米国務長官にスターリンは、

「連合国がドイツを破った後、ソ連は対日戦に参加する」

と述べ、一一月末のテヘラン首脳会議で、ルーズベルト、チャーチルにこの発言の確認を示した。

一九四四年（昭和一九年）一〇月、チャーチルがモスクワを訪れた。

この時、スターリンはドイツ降伏三ヵ月後の対日戦を明言し、この作戦に使用する兵員一五〇万、戦車三〇〇〇両、車両七万五〇〇〇両、飛行機五〇〇〇機に要する二ヵ月分の補給品一〇六万トンの物資援助を米国に要求したのである。

日本軍の仮想敵国の第一は、明治の初めからロシアであった。そのため、ロシア関係情報の収集には熱心だった。人材を投入し、金も使った。参謀本部のロシア課からは、優秀な情報将校が育った。情報参謀の仕事は、作戦参謀が陥りがち

だった疎雑な大言壮語や観念論ではない、知的作業の積み重ねと、そこからの推論である。

ロシア課の浅井勇中佐はモスクワ赴任時に、作戦課の瀬島龍三中佐から、

「他の仕事はやらなくてもいいから、ソ連の対日参戦を一年前に知らせて欲しい」

といわれた。

浅井中佐は、日本―モスクワ間をシベリア鉄道を利用して往復する伝書使の目撃した情報をダイアグラムを作って分析し、一九四五年（昭和二〇年）二月には、

「ソ連は兵力の集中輸送を開始せり」

とモスクワから打電し、帰国途上の四月にはチタの総領事館から、

「シベリア鉄道の集中輸送の状況は開戦前夜を思わせるものがある」

と参謀本部に伝えた。

ロシア課長の白木末成大佐は、これらの情報を総合し、ソ連の東部への輸送兵力一五〇万（増援七五万）は完了し、飛行機五四〇〇機、戦車三四〇〇両がこれにともなっている、冬営準備をしていないから、八月には侵攻を開始する、と判断した。

白木大佐の判断に耳を傾けぬ陸軍幹部も少なくなかった。それは、ソ連軍ロジスティクス関連の冷静な分析によるものではなく、「ソ連軍が侵入し始めれば、もう終りだ」という考えが「ソ連軍に侵入して欲しくない」という願望を産み、「ソ連軍は侵入しないだろう」という希望となり、「ソ連軍は侵入しない」という確信になったもので、きわめて情緒的なものであった。

この年二月二六日、東条前首相は天皇から、

「ソ連の参戦の心配はないか」

と尋ねられ、心配なし、と奉答し、次のような理由をあげている。

(1)ソ連民衆は厭戦的で適齢者は前線に出尽くしている
(2)米英ソ三国間には深刻な矛盾があって、ソ連がシベリア方面に大兵力を回送することは不可能である
(3)日本が弱れば、ソ連は一部の兵力を増強するやも知れない

東条の奉答の理由はデータの分析からのものではなく、いずれも情緒的・感情的・願望的なものであった。

大組織で大きな利害関係を取り扱うリーダーが、けっし

て、情緒的・感情的・願望的になってはならない好事例が東条と参謀本部情報部との比較事例である。

【参考文献】

「兵たん戦略、小売り経営に」(『日本経済新聞』一九九三年九月八日付)
長谷川慶太郎『危機管理の鉄則』PHP研究所、一九九五年
Stephen D. Regan, In Bitter Tempest : The Biography of Admiral Jack Fletcher, Ames Iowa State Univ. Press, 1944
J・D・ニコラス他『統合軍参謀マニュアル』(谷光太郎訳)白桃書房、一九九二年
阿川弘之『海軍こぼれ話』光文社、一九八五年
軍事史学会編『第二次世界大戦(2)』錦正社、一九九一年。
杉田一次『情報なき戦争指導』原書房、一九八七年
谷光太郎『アーネスト・キング』白桃書房、一九九三年。
奥宮正武『太平洋戦争、五つの誤算』朝日ソノラマ社、一九九四年
児島襄『史説　山下奉文』文藝春秋、一九六九年
永田鉄山刊行会編『秘録　永田鉄山』芙蓉書房、一九七二年。
伊藤隆監修、百瀬孝著『事典　昭和戦前期の日本』吉川弘文館、一九九〇年
保科善四郎『大東亜戦争秘史』原書房、一九七五年
高宮太平『昭和の将帥』図書出版社、一九七三年
高木惣吉『自伝的日本海軍始末記』光人社、一九七一年
宮武剛『将軍の遺言』毎日新聞社、一九八六年
中山定義『一海軍士官の回想』毎日新聞社、一九八一年
山本親雄『大本営海軍部』白金書房、一九七四年
A・J・P・テイラー『イギリス現代史 一九一四―一九四五』(都築忠七訳)みすず書房、一九八八年
Townsent Hoopes and Douglas Brinkley, Driven Patriot : The Life and Times of James Forrestal, New York, Alfred A. Knopf, Inc., 1992.
Steven L. Rearden, The Formative Years 1947-1950, Washington, D.C., Historical Office, Office of the Secretary of Defense, 1984
今岡和彦『東大第二工学部』講談社、一九八七年
堀江芳孝『闘魂　硫黄島』一九六五年
松尾博志『電子立国日本を育てた男』文藝春秋、一九九二年
Robert Greenhalgh Albion, Makers of Naval Policy 1798-1947, Rowena Reed(ed.), Annapolis, Maryland, US Navy Inst. Press, 1980
イーブン・A・エアーズ『ホワイトハウス日記　一九四五―一九五〇』(宇佐美滋他訳)平凡社、一九九三年
渡部昇一『ドイツ参謀本部』中公新書、一九七四年
大橋武夫『参謀総長モルトケ』マネジメント社、一九八七年
バーバラ・W・タックマン『明日の砲声』(山室まりあ訳)筑摩書房、一九八六年
猿谷要編『アメリカの戦争(世界の戦争8)』講談社、一九八五年
田穣『福島安正』講談社、一九九三年
児島襄『日露戦争(1)』文藝春秋、一九九〇年
貫重節『あゝ永沼挺進隊(上・下)』原書房、一九七六年
林三郎『関東軍と極東ソ連軍』芙蓉書房、一九七四年
完倉寿郎『関東軍参謀部』PHP研究所、一九八五年
浅井勇『シベリア鉄道――軍事と経済の大動脈』教育社、一九八八年
井上勇一『鉄道ゲージが変えた現代史』中公新書、一九九〇年
『宮崎市定全集(2)』岩波書店、一九九二年
古谷哲夫『日露戦争』中公新書、一九九〇年
原田勝正『満鉄』中公新書、一九九二年
『宮崎市定全集(1)』岩波書店、一九九二年
横山臣平『秘録　石原莞爾』芙蓉書房、一九七一年

高橋正衛『昭和の軍閥』中公新書、一九六九年
谷光太郎『アルフレッド・マハン』白桃書房、一九九〇年
セルゲイ・ゴルシコフ、宮内邦子『ソ連の海軍戦略』原書房、一九七八年
島田謹二『アメリカにおける秋山真之』朝日新聞社、一九八三年
塩野七生『ハンニバル戦記　ローマ人の物語（2）』新潮社、一九九三年
アルフレッド・T・マハン『海上権力史論』（北村謙一訳）原書房、一九八四年
岡崎久彦『繁栄と衰退と』文藝春秋、一九九二年
森本哲郎『ある通商国家の興亡——カルタゴの遺書』PHP研究所、一九八九年
司馬遼太郎『菜の花の沖（1）〜（4）』文藝春秋、一九八二年
吉田良一『河村瑞軒』吉川弘文館、一九八八年
高田宏『日本海繁盛記』岩波新書、一九九二年
竹内誠『大系　日本の歴史（10）』小学館、一九八九年
児玉幸多『日本交通史』吉川弘文館、一九九二年
野間恒『豪華船の文化史』NTT出版、一九九三年
市川健夫『日本の馬と牛』東京書籍、一九八一年
土門周平『参謀の戦争』講談社、一九八七年
木全春生『馬の知識』サイマル出版会、一九七四年
NHKドキュメント昭和取材班編『ドキュメント昭和　世界への登場（3）アメリカ車上陸を阻止せよ』角川書店、一九八六年
『ワールド・カー・ガイド5　フォルクスワーゲン』ネコ・パブリッシング、一九九三年
和田穎太『真珠湾攻撃——その予言者と実行者』文藝春秋、一九八六年
高木俊朗『インパール』文藝春秋、一九八一年
海原治『戦史に学ぶ』朝雲新聞社、一九七〇年
『丸——「特集　戦術輸送航空隊」』一九九一年六月号
佐貫亦男『人間航空史』中公新書、一九七四年
松岡久光『みつびし飛行機物語』アテネ書房、一九九三年
谷光太郎『半導体産業の軌跡』日刊工業新聞社、一九九四年
中村悌次『日米両海軍の提督に学ぶ』兵術同好会、一九八八年
西浦進『昭和戦争史の証言』原書房、一九八〇年
辻政信『ガダルカナル』河出書房、一九六七年
田中新一著・松下芳男編『作戦参謀東條ヲ罵倒ス』芙蓉書房、一九八六年
坂井三郎『零戦の運命』講談社、一九九四年
坂井三郎『零戦の真実』講談社、一九九二年
加藤寛一郎『零戦の秘術』講談社、一九九一年
草柳大蔵『特攻の思想——大西瀧治郎伝』文藝春秋、一九七二年
奥宮正武『真実の太平洋戦争』PHP文庫、一九八八年
海軍兵学校編『海軍兵学校沿革』原書房、一九六八年
中村悌次（水交会会長）「新見政一先生弔辞」（『水交』水交会、一九九三年五月号）
大井篤『海上護衛参謀の回想』原書房、一九七五年
高木惣吉『自伝的日本海軍始末記（続）』光人社、一九七九年
冨永謙吾編『現代史資料（三九）太平洋戦争（5）』みすず書房、一九八四年
吉田俊雄『四人の軍令部総長』文藝春秋、一九八八年
服部卓四郎『大東亜戦争全史』原書房、一九七三年
今村均『私記　一軍人六〇年の哀歓』芙蓉書房、一九七〇年
堀元美『潜水艦——その回顧と展望』原書房、一九八〇年
Thomas B. Buell, Master of Sea Power : A Biography of Fleet Admiral Ernest J. King, Boston, Toront, Little Brown & Co., 1980.

Jak P. Mallmann Showell, U-Boat under Swastika, Annapolis, Maryland, US Naval Inst. Press, 1988.
Jordon Vause, U-Boat Ace---The Story of Wolfgang Luth, Annapolis, Maryland, US Naval Inst. Press, 1990.
山本平弥『海軍予備士官の太平洋戦争』光人社、一九八九年
吉田俊雄「日米相互理解の再考」（『文藝春秋』一九九五年三月号）
Clay Blair, Jr., Silent Victory : The US Submarine War against Japan (vol.2), Philadelphia and New York, J. B. Lippincott Co., 1975.
エドワード・ミラー『オレンジ計画――アメリカの対日侵攻五〇年戦略』（沢田博訳）新潮社、一九九四年
渡部昇一『日本の繁栄は、揺がない』ＰＨＰ研究所、一九九一年
ＮＨＫドキュメント昭和取材班編『ドキュメント昭和　世界への登場（5）オレンジ作戦』角川書店、一九八六年
井浦祥二郎『潜水艦隊』朝日ソノラマ、一九八三年
吉村昭『深海の使者』文春文庫、一九七六年
阪谷芳直「ある現短士官の見た八月一五日の海軍省」（『中央公論』一九九三年九月号）
三岡健次郎「（参謀本部の）鉄道船舶課」（『歴史と人物』中央公論社、一九八五年八月号）
市岡揚一郎『現短の研究』新潮社、一九八七年
林三郎『太平洋戦争陸戦概史』岩波新書、一九七二年
堀栄三『大本営参謀の情報日記』文藝春秋、一九八九年
土居明夫伝刊行会『一軍人憂国の障害』原書房、一九八〇年
千早正隆「終戦の聯合艦隊司令部剛師」（『水交』水交会、一九九四年一〇月号、一九九四年一一月号）
James D. Hittle, The Military Staff : Its History and Development, Harrisburg, Pennsylvania, The Stackpole Co.,
実松譲『私の波涛』光人社、一九七五年
吉松安弘『東條英機 暗殺の夏』新潮文庫、一九八九年
長谷川慶太郎『危機管理の鉄則』ＰＨＰ研究所、一九九五年
猪木正道「軍国主義と空想平和主義――独善は払拭されたか――」（『正論』一九九四年一二月号）
辻政信『ノモンハン』原書房、一九六七年
五味川純平『ノモンハン』文藝春秋、一九七五年
富岡定俊『開戦と終戦』毎日新聞社、一九六八年
吉田俊雄『海軍学卒士官二八人の戦争』光人社、一九九〇年
亀井宏『ガダルカナル戦記（1）～（3）』光人社、一九八六年
伊藤正徳『帝国陸軍の最後（2）』角川文庫、一九七五年
後勝『ビルマ戦記』光人社、一九九一年
土門周平『戦う天皇』講談社、一九八九年
東條英機刊行会、上村快男編『東條英機』芙蓉書房、一九八一年
赤松貞雄『東條秘書官機密日誌』文藝春秋、一九八五年
豊田穣『二等兵は死なず』講談社、一九七八年
伊藤正徳『連合艦隊の最後』文藝春秋、一九五六年
白井明雄「栗林将軍は如何にして『洞窟戦法』を創案したか」（『軍事史学』一一七号、錦正社）一九九四年六月号
阿川弘之『黒い波涛（下）』新潮社、一九七四年
浅井勇「（参謀本部）ロシア課」（『歴史と人物』一九八五年八月号、中央公論社）

著者略歴

谷光 太郎（たにみつ・たろう）

1941年香川県に生まれる。1963年東北大学法学部卒業、三菱電機株式会社入社。1994年同社退社、山口大学経済学部教授。2004年、大阪成蹊大学現代経営情報学部教授。2011年同校退職。著書に、『海軍戦略家キングと太平洋戦争』『海軍戦略家 マハン』（共に中央公論新社）、『敗北の理由』（ダイヤモンド社）、『青色発光ダイオードは誰のものか』（日刊工業新聞社）、『米軍提督と太平洋戦争―世界最強海軍のルーツ』（学研パブリッシング）、訳書に『統合軍参謀マニュアル』（白桃書房）など多数。

※本書は、同文書院インターナショナルから発行された『ロジスティクス思考とは何か―戦史から解明する戦略的物流革命』を再編集・改題した内容になります。

日本陸海軍は
ロジスティクスをなぜ軽視したのか

2016年5月1日　初版第１刷発行
2020年12月17日　四版第５刷発行

著者　谷光太郎

発行者　松本善裕
発行所　株式会社パンダ・パブリッシング
〒111-0053　東京都台東区浅草橋5-8-11　大富ビル2Ｆ
http://panda-publishing.co.jp/
電話／03-6869-1318
メール／info@panda-publishing.co.jp
印刷・製本　株式会社ちょこっと